맛있는 밥을 간편하게 즐기고 싶다면
뚝딱 한 그릇, 밥

어렵게 느껴지던 집밥,
한 그릇 밥으로 간편하게 드세요

    요즘은 배달이 안 되는 게 없고 밀키트도 다양해서 밥상 차리기가 참 편해요. 하지만 건강을 생각하면 한편으로 걱정도 됩니다. 비용도 만만치 않고요. 뭐니 뭐니 해도 집밥이 최고예요.

    집밥이 좋다는 걸 알면서도 많은 사람들이 챙기기 어려워하는 건 음식 준비가 쉽지 않다고 여기기 때문일 거예요. 밥과 국, 여러 가지 반찬을 준비하려면 손이 많이 가고 설거짓거리도 잔뜩 나오니까요. 한 그릇 밥은 만들기도 치우기도 쉬워서 부담이 없어요. 한 끼를 간단하게 해결하고 싶을 때 그만이에요. 그러면서도 맛과 영양은 한상차림 못지않죠.

    별다른 반찬 없이도 맛있게 먹을 수 있는 한 그릇 밥을 모았어요. 다양한 재료가 듬뿍 들어가 맛과 영양이 가득합니다. 기본 조리법과 곁들이 음식도 소개해 요리 초보도 맛있게 만들어 먹을 수 있어요.

    맛있는 음식을 먹는 일만큼 기분 좋은 일도 없어요. 준비가 간단하다면 더할 나위 없죠. 어렵게만 생각했던 집밥, 한 그릇 밥으로 간편하고 다채롭게 즐기세요.

장연정

CONTENS

PART 1
덮밥

PART 2
볶음밥

수란불고기덮밥	032
매콤 제육덮밥	034
해물커리덮밥	036
치킨마요덮밥	038
마파두부덮밥	040
데리야키쇠고기덮밥	042
돈가스덮밥	044
매콤 낙지오징어덮밥	046
크림크로켓덮밥	048
갈릭스테이크카레라이스	050
오야코동	052
차슈덮밥	054
새우튀김덮밥	056
버섯덮밥	058
회덮밥	060

오므라이스	064
스팸김치볶음밥	066
쇠고기마늘볶음밥	068
아스파라거스베이컨볶음밥	070
닭가슴살나시고렝	072
새우볶음밥	074
쇠고기청경채볶음밥	076
치킨부리토	078
해물토마토리소토	080
구운 버섯 크림리소토	082
깍두기볶음밥	084
부추달걀볶음밥	086
채소볶음밥	088
게맛살볶음밥	090

요리의 기본, 계량법과 어림치	010
고슬고슬, 밥 맛있게 짓기	014
음식 맛 살리고 쓰임새 많은 기본 국물	020
밥에 곁들이면 맛있는 양념장	024
요리의 화룡점정, 고명	026
컵밥 & 도시락 싸기 아이디어	028

PART 3
비빔밥

나물비빔밥	094
갈빗살채소비빔밥	096
열무강된장비빔밥	098
견과류새싹비빔밥	100
전주비빔밥	102
해초비빔밥	104
삼겹살콩나물비빔밥	106
두부달래간장비빔밥	108
무생채비빔밥	110
명란비빔밥	112
봄나물비빔밥	114
멍게비빔밥	116
오이지비빔밥	118

PART 4
한입 밥

우엉주먹밥	122
매운 잔멸치호두주먹밥	124
채소컵밥	126
마약김밥	128
샐러드김밥	130
채소크로켓밥	132
양배추쌈밥	134
묵은지말이밥	136
유부초밥	138
연어초밥	140
연어마요컵밥	142

CONTENS

PART
5
영양솥밥

PART
6
국밥

콩나물솥밥	146
단호박영양밥	148
굴무밥	150
문어톳솥밥	152
곤드레밥	154
날치알밥	156
차돌박이솥밥	158
해물영양밥	160
뿌리채소솥밥	162
모둠버섯밥	164
시래기솥밥과 강된장	166

시래기국밥	170
매콤 굴국밥	172
육개장국밥	174
콩나물국밥	176
김칫국밥	178
황태국밥	180
닭곰탕	182

| + Plus recipe | 밥으로 손쉽게 죽 만들기 | 206 |
| | 찾아보기 | 208 |

PART 7
곁들이면 좋은 국과 밑반찬

국
김칫국	186
얼큰콩나물국	187
시금치된장국	188
미소된장국	189
쇠고기뭇국	190
달걀국	191
미역오이냉국	192
콩나물냉국	193

밑반찬
배추겉절이	194
오이겉절이	195
부추겉절이	196
오이피클	197
무피클	198
양배추피클	199
고추간장장아찌	200
새송이버섯간장장아찌	201
셀러리간장장아찌	202
연근간장장아찌	203
우엉고추장장아찌	204
깻잎된장장아찌	205

요리의 기본, 계량법과 어림치

01
계량도구와 올바른 계량법

계량스푼

1큰술, 1/2큰술, 1작은술, 1/4작은술이 따로 있는 분리형과 양끝에 1큰술과 1작은술이 있는 일체형이 있다. 1큰술은 15mL, 1작은술은 5mL이다. 보통 일체형을 갖춰두면 쓰기 편하다.

가루와 장류는 수북이 담은 뒤, 칼등이나 막대기로 윗면을 평평하게 깎아 낸다.

액체는 넘칠 듯 말 듯하게 담는다.

계량스푼이 없을 때는 밥숟가락으로!

가루와 장류는 밥숟가락에 수북이 담은 양이 1큰술이다.

액체는 한 숟가락 반 정도가 1큰술이다.

음식을 맛있게 만들려면 재료의 양을 알맞게 맞춰야 한다. 올바른 계량법과 어림치를 익혀두면 실패할 걱정이 없다. 처음에는 번거로울 수 있지만 익숙해지면 요리가 쉬워진다.

계량컵

1컵, 1/2컵, 1/3컵, 1/4컵으로 이루어진 분리형과 1컵짜리 컵에 눈금이 표시되어있는 것이 있다. 정확히 계량하려면 분리형을 쓰는 것이 좋고, 1컵짜리를 쓸 경우는 내용물이 잘 보이는 투명한 컵이 편하다. 1컵의 기준은 나라마다 다르다. 우리나라와 일본은 200mL, 미국이나 영국은 240mL이므로 계량 전에 확인한다.

가루와 장류는 수북이 담은 뒤, 칼등이나 막대기로 윗면을 평평하게 깎아낸다. 밀가루는 체에 한 번 내려서 담고, 탁탁 치거나 누르지 않는다.

액체는 투명한 컵에 담아 재는 것이 편하다. 눈금을 확인할 때는 눈높이를 눈금에 맞춰서 본다.

저울

눈금저울과 전자저울이 있다. 무게를 정확히 재려면 전자저울에 재는 것이 좋다. 가정에서는 2kg까지 잴 수 있는 저울을 쓰면 적당하다.
저울을 평평한 곳에 놓고 0g인지 확인한 뒤 재료를 올려 잰다. 그릇에 담아 잴 경우는 빈 그릇을 올리고 0g으로 맞춘 뒤 재료를 올린다.

02
자주 쓰는
재료의 어림치

손으로 잴 때

채소 1줌
한 손으로 가볍게 잡은 양. 상추와 같은 잎채소는 20~30g, 콩나물과 숙주 같은 줄기채소는 50g, 우엉과 연근 등의 뿌리채소는 80g 정도이다.

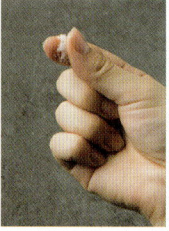

소금 조금
엄지와 검지로 가볍게 집은 양으로 0.5g 정도이다.

재료의 어림치 무게

채소·버섯	
가지 1개	120g
감자(작은 것) 1개	85g
감자(큰 것) 1개	210g
고구마 1개	130g
당근(큰 것) 1개	330g
애호박(큰 것) 1개	280g
양파 1개	250g
오이 1개	210g
연근 1개	300g
우엉(지름 3cm) 20cm	100g
풋고추(큰 것) 1개	20g
피망 1개	100g
깻잎 10장	10g
대파 1대	45g
무 10cm	460g
배추 1포기	1kg
양배추 1개	800g
시금치 1포기	14g
고사리·쑥갓·미나리·부추 1줌	100g
콩나물 1줌	50g
느타리버섯 1개	10g
양송이버섯 1개	17g
팽이버섯 1봉지	100g
표고버섯(큰 것) 1개	20g
고기·달걀	
쇠고기 주먹 크기	120g
닭다리 1개	100g
달걀 1개	50g

해물·건어물	
고등어 1마리	400g
조기 1마리	50g
게 1마리	200g
굴 1컵	130g
모시조개 1개	25g
새우(중하) 1마리	18g
칵테일새우 10마리	50g
오징어 1마리	250g
북어포·잔멸치·오징어채 1줌	15g
다시마 10×10cm	35g
가공식품	
두부 1모	480g
식빵 1장	35g
어묵(네모난 것) 1장	30g
어묵(둥근 것) 10cm	50g
프랑크소시지 1개	35g
양념	
고운 소금 1큰술	6g
굵은 소금 1큰술	18g
고춧가루 1큰술	8g
다진 마늘 1큰술	12g
설탕 1큰술	12g
통깨 1큰술	8g
간장 1큰술	13g
올리브유 1큰술	12g
된장 1큰술	20g
고추장 1큰술	20g

재료의 100g 어림치

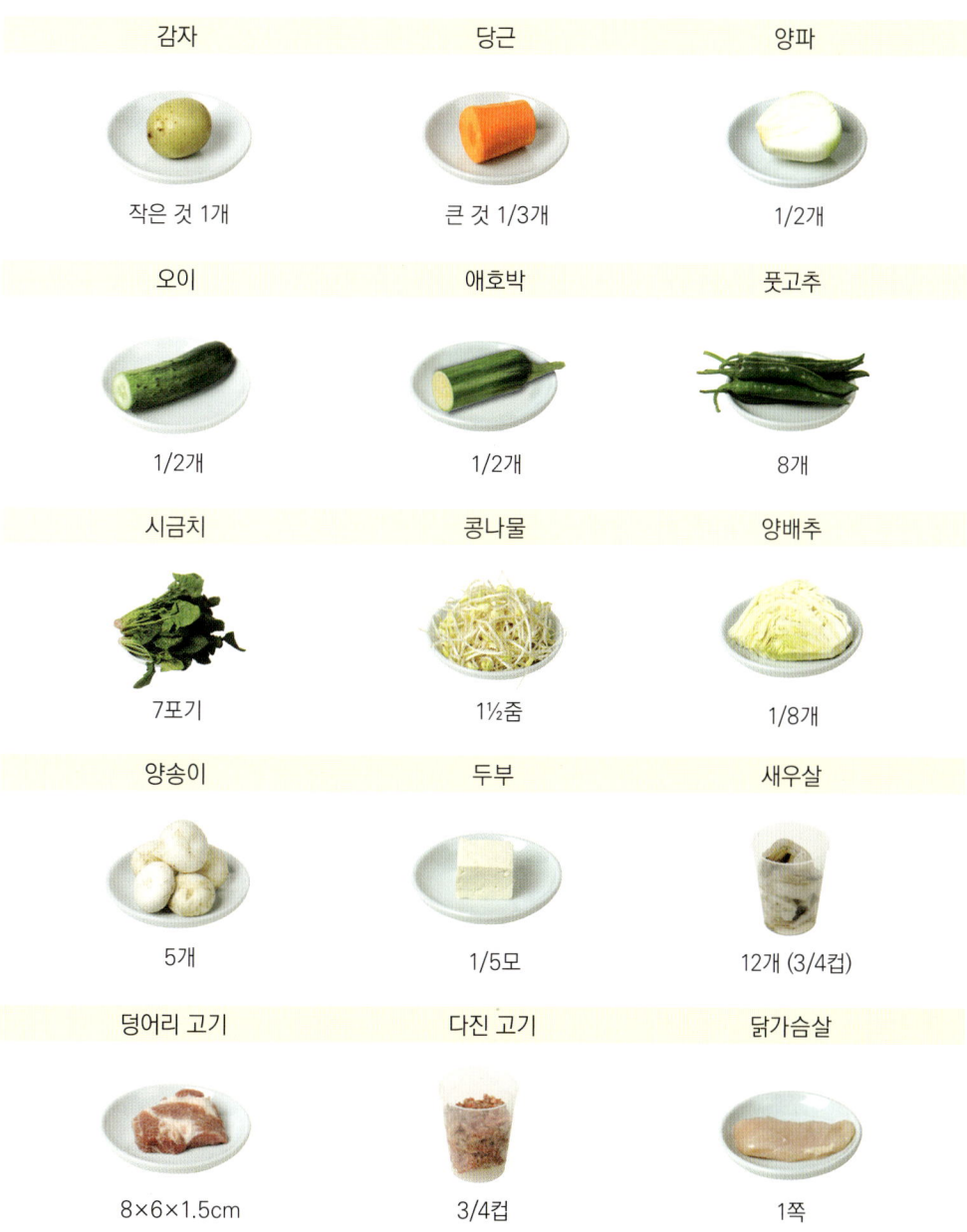

고슬고슬, 밥 맛있게 짓기

01
좋은 쌀 고르기

- 쌀알이 통통하고 고르며 맑고 반질반질 윤기가 나는 것이 좋다. 묵은내가 나지 않고 살짝 눌러보아 쉽게 부서지지 않는 쌀을 고른다. 이물질이 없는지 살피고 부서지거나 금이 간 쌀, 흰 가루가 묻어있는 쌀은 피한다. 쌀이 부서지면 밥을 지을 때 녹말이 흘러나와 밥알 모양이 흐트러지고 밥이 질척해진다.

- 쌀은 수분 함량이 16% 정도일 때 밥맛이 가장 좋다. 도정한 지 15일 이내의 쌀을 선택한다. 햅쌀인지 아닌지 생산연도도 확인한다.

02
신선하게 보관하기

- 쌀이 햇볕에 노출되면 말라서 금이 가고 그 틈으로 녹말이 나와 변질되기 쉽다. 해가 들지 않고 공기가 잘 통하는 곳에 둔다. 항아리에 담아두는 것도 조상의 지혜가 담긴 좋은 방법이다. 쌀통에 마른고추나 통마늘을 함께 넣어두면 고추의 캡사이신과 마늘의 알리신이 쌀벌레가 생기는 것을 막는다. 만일 쌀에 벌레가 생겼다면 서늘하고 바람이 잘 통하는 그늘에 펼쳐서 말린다. 가장 현명한 방법은 조금씩 사는 것이다.

- 쌀을 페트병에 담아 냉장 보관하면 습기가 차단되어 산화를 막을 수 있으며, 쌀이 휴면 상태가 되어 신선도가 유지되고 쌀벌레도 퇴치할 수 있다. 이때 뚜껑을 꼭 닫아둔다. 쌀은 냄새를 잘 흡수하기 때문에 냉장고의 잡냄새가 밸 수 있다. 쌀을 보관하기에 가장 알맞은 온도는 5℃이고, 유통기한은 1년 정도이다.

- 쌀통에 쌀을 채워 넣을 때는 완전히 비운 뒤 새 쌀을 담는다. 남은 쌀 위에 새 쌀을 부어 채우는 경우가 많은데, 오래된 쌀은 새 쌀을 빨리 상하게 한다.

- 쌀을 풀 때는 물기 없는 그릇을 쓴다. 쌀은 흡수성이 강해서 물이 묻으면 금세 눅눅해져 쉽게 변질된다.

밥만 잘 지으면 반찬이 별로 없어도 맛있게 먹을 수 있다. 하지만 쉽고도 어려운 게 밥 짓기다. 고슬고슬 맛있는 밥 짓기의 모든 것을 알아본다.

03 맛있는 밥 짓기

step 1 쌀 계량하기

쌀 1/2컵(80~100g)을 1인분으로 잡으면 적당하다. 밥을 지으면 양이 2.5배 정도 늘어나 1공기(200~250g)가 된다.

step 2 쌀 씻기

쌀을 씻을 때 물이 흡수되기 때문에 정수로 씻는 것이 좋다. 특히 처음 닿는 물을 가장 많이 흡수하므로 쌀에 물을 붓고 빠르게 휘저어 헹군 뒤, 겉에 묻어있던 이물질이나 겨 냄새가 쌀에 배지 않도록 탁한 물을 재빨리 버린다. 다시 물을 붓고 헹궈 바로 버리고 그 다음부터 문질러 씻는다. 쌀이 부서지지 않도록 조심하면서 4~5회 씻는다.

tip 세 번째로 씻은 물은 속뜨물이라고 해서 국이나 찌개를 끓이면 구수해요. 따로 받아두면 유용하게 쓸 수 있어요.

step 3 쌀 불리기

쌀에 물기가 충분히 스며들어야 열전도가 잘 되고 쌀이 잘 퍼진다. 쌀을 씻어서 여름에는 30분, 겨울에는 1시간 정도 물에 담가 불린 뒤 체에 밭쳐 물기를 뺀다.

step 4 밥물 맞추기

밥물은 쌀 부피의 1.2배 붓는다. 불린 쌀은 쌀과 물의 비율을 1 : 1로 맞춘다. 쌀 위에 손을 얹었을 때 손등의 반을 덮는 정도이다. 압력밥솥에 지을 경우에는 불리지 않은 쌀은 1 : 1, 불린 쌀은 1 : 0.8의 비율로 맞춘다. 햅쌀은 수분이 많기 때문에 1 : 1 정도로 조금 적게 잡고, 현미는 쌀 부피의 1.3배, 찹쌀은 0.8~1배, 잡곡은 1.2배로 기억하면 좋다.

step 5 밥 짓기

1_조리도구에 따라

냄비에 지을 경우
바닥이 두껍고 깊이가 쌀 높이의 3~4배 되는 냄비가 좋다. 밥물을 쌀의 1.2배로 잡고 센 불에서 10분 정도 끓인 뒤, 밥물이 끓어 넘치려고 하면 중불로 줄여 5분 정도 더 끓인다. 밥물이 잦아들면 불을 약하게 줄여 10분간 뜸을 들인다. 불을 끄고 주걱으로 고루 섞은 뒤 5~10분간 두었다가 밥을 푼다.

돌솥이나 뚝배기에 지을 경우
돌솥이나 뚝배기는 바닥이 둥글고 두꺼우며 깊이가 쌀 높이의 3~4배 되고 뚜껑이 무거운 것이 좋다. 처음에 뚜껑을 덮고 센 불에서 7~8분간 끓인 뒤, 밥물이 끓어 넘치려고 하면 불을 조금 줄이거나 뚜껑을 살짝 열었다가 덮어 넘치지 않게 한다. 밥물이 잦아들면 불을 약하게 줄여 10분간 뜸을 들인다. 불을 끄고 주걱으로 위아래를 고루 섞은 뒤 5~10분간 두었다가 밥을 푼다.

tip 무쇠솥에 밥을 지으면 무거운 뚜껑이 김을 가둬 밥에 찰기가 생기고 윤기가 흘러요.

무쇠솥이나 가마솥에 지을 경우
무쇠솥에 밥을 지으면 자칫 밥물이 넘칠 수 있으므로 쌀의 양을 솥의 70% 이내로 잡는다. 센 불에서 5분 정도 끓이면 넘치려고 하는데, 이때 뚜껑을 잠깐 열었다가 덮는다. 끓어오르면 중불로 줄여 5분 정도 더 끓이고, 밥물이 잦아들면 아주 약한 불로 줄여 5분 정도 뜸을 들인다. 불을 끄고 7~8분 있다가 밥을 푼다.

tip 압력솥에 밥을 지을 때는 무엇보다 뚜껑을 제대로 닫아야 해요. 자칫하면 압력으로 뚜껑이 날아갈 수 있어요. 밥이 다 된 뒤 뚜껑이 잘 열리지 않을 때는 차가운 행주로 닦아 식히면 잘 열려요.

압력솥에 지을 경우
일반 밥솥보다 물을 적게 잡아야 질어지지 않는다. 물의 양을 1 : 1로 잡고 뚜껑을 완전히 닫아 센 불에 10분 정도 끓이다가, 추가 움직이기 시작하면 약한 불로 줄여 3분 정도 끓인다. 김이 새어 나오면서 밥 냄새가 나면 불을 끄고 10~15분 정도 뜸을 들인다. 추를 뉘어 김이 완전히 빠진 것을 확인하고 뚜껑을 연다.

전기밥솥에 지을 경우
많은 양의 밥을 지을 때는 전기밥솥으로 짓는 게 좋다. 전기밥솥은 쌀의 1.2배 정도의 물을 붓고 취사 기능을 선택하면 실패할 일이 없다. 취사가 끝나고 보온으로 넘어가는 단계가 뜸을 들이는 과정인데, 10분 정도 두었다가 뚜껑을 열고 밥을 고루 뒤섞어 푼다. 뜸을 들이지 않고 뚜껑을 바로 열면 바닥에 습기가 생겨 밥이 질어질 수 있다.

2_밥에 종류에 따라

현미밥

재료 (4인분) | 현미 2컵, 백미 1/4컵, 물 2½컵

1 현미를 깨끗이 씻어 물에 담가 5시간 정도 불린다.
2 백미를 깨끗이 씻어 물에 30분 정도 불린 뒤, 체에 밭쳐 물기를 빼며 좀 더 불린다.
3 솥에 현미와 백미를 섞어 안치고 물을 부어 밥을 짓는다.

잡곡밥

재료 (4인분) | 보리쌀 2컵, 차조 1/3컵, 팥 1/3컵, 물 2½컵, 팥 삶은 물 1/2컵

1 보리쌀과 차조를 각각 깨끗하게 씻어 물에 담가 30분간 불린다.
2 팥을 깨끗이 씻어 물 2컵을 붓고 끓인다. 끓어오르면 물을 따라 버리고 다시 물을 3컵 부어 끓인다. 팥이 반쯤 익으면 체에 밭쳐 물기를 빼고, 팥 삶은 물은 따로 둔다.
3 솥에 보리쌀과 삶은 팥을 넣고 팥 삶은 물과 맹물을 섞어 부어 센 불에서 끓인다.
4 바글바글 끓어오르면 불을 끄고 잠시 두었다가 차조를 올려 약한 불에서 뜸을 들인다.

tip 배합초는 밥이 뜨거울 때 섞으세요.

초밥용 밥

재료 (4인분) | 멥쌀 2컵, 다시마 5×5cm 1장, 청주 2작은술, 물 2컵

1 멥쌀을 깨끗하게 씻어 물에 담가 30분 정도 불린 뒤 체에 밭쳐 물기를 뺀다.
2 솥에 불린 쌀을 안치고 물, 청주, 다시마를 넣어 밥을 짓는다.

step 6 밥 푸기

뜸이 다 들면 바로 주걱으로 가볍게 섞어 여분의 증기를 날려 보낸다. 다 된 밥을 그대로 오래 두면 증기가 갇힌 채 온도가 내려가지 않아 물이 고이고 밥이 퍼진다. 먼저 솥의 가장자리로 주걱을 넣어 위아래를 크게 한 번 뒤섞는다. 밥알 사이에 공기가 들어가고 바닥쪽의 증기가 빠져나간다. 주걱은 밥알이 붙지 않도록 물에 가볍게 적셔 쓰는 것이 좋다.

04 남은 밥 보관하기

남은 밥은 전기밥통에 오래 두지 말고 냉장고에 보관하는 것이 좋다. 밥을 하자마자 김이 완전히 나가기 전에 1인분씩 덜어둔다. 그날 안에 먹을 밥이면 밀폐용기에 담아 냉장고에 넣었다가 먹을 때 전자레인지에 3분 정도 데우고, 오래 두고 먹을 밥은 위생 팩에 담아 냉동실에 보관한다. 이때 밥을 납작하게 펴서 넣어야 빨리 얼고 쉽게 녹는다. 먹을 때 실온에 5~10분간 두었다가 전자레인지에 3분 정도 데우면 갓 지은 밥맛을 느낄 수 있다.

음식 맛 살리고 쓰임새 많은 기본 국물

01
멸치국물

tip 멸치 대신 밴댕이로 국물을 내도 좋아요. 쓴맛이 적고 깔끔해요.

재료 | 국물용 멸치 10마리, 다시마 5×5cm 1장, 마른표고버섯·마른고추 1개씩, 물 5컵

1 국물용 멸치는 마른 팬에 볶고, 다시마는 젖은 행주로 살짝 닦는다.
2 마른표고버섯은 미지근한 물에 30분간 담가 불린다.
3 냄비에 모든 재료를 넣고 물을 부어 20분 정도 두었다가 센 불에서 끓인다.
4 팔팔 끓으면 다시마를 건져내고 15분간 더 끓인다.
5 국물을 면포에 걸러 한 김 식힌다.

02
조개국물

재료 | 바지락(또는 모시조개) 150g, 물 6컵

1 바지락을 옅은 소금물에 1시간 정도 담가두어 해감을 뺀다.
2 바지락을 물에 담가 비벼 씻는다.
3 냄비에 바지락을 넣고 물을 부어 끓인다.
4 바지락 껍데기가 벌어지면 불을 끄고 바지락을 건져낸다.
5 국물을 면포에 걸러 한 김 식힌다.

요리의 고수는 국물에 공을 들인다. 깊고 깔끔한 국물은 음식 맛을 한층 고급스럽게 만든다. 국밥 등 국물요리에 자주 쓰는 국물 내기 노하우를 배워본다.

03
다시마국물

재료 | 다시마 10×10cm 1장, 물 5컵

1 다시마를 젖은 행주로 살짝 닦는다.
2 다시마를 물에 담가 30분 정도 두었다가 그대로 끓인다.
3 끓어오르면 다시마를 건져내고 5분간 더 끓인다.
4 한 김 식힌다.

04
가다랑어국물

재료 | 가다랑어포 50g, 다시마 20g, 물 2L

1 다시마를 젖은 행주로 살짝 닦는다.
2 냄비에 물을 붓고 끓인 뒤, 중불로 줄이고 다시마를 넣어 10분 정도 끓인다.
3 다시마를 건져내고 가다랑어포를 넣어 다시 10분 정도 끓인다.
4 국물을 체에 걸러 한 김 식힌다.

05
쇠고기국물

재료 | 쇠고기(양지머리) 300g, 대파 1대, 마늘 3쪽, 통후추 5알, 물 12컵

1 쇠고기를 찬물에 30분 정도 담가 핏물을 뺀다.
2 냄비에 쇠고기, 대파, 마늘, 통후추를 넣고 찬물을 부어 끓인다. 고기를 찬물에 넣어 끓여야 맛이 잘 우러난다.
3 떠오르는 불순물을 걷어내면서 한소끔 끓인 뒤, 불을 줄이고 뚜껑을 덮어 은근하게 30분 이상 끓인다.
4 국물을 면포에 걸러 한 김 식힌다.

06
닭국물

재료 | 닭 1마리, 대파 1대, 마늘 10쪽, 통후추 10알, 물 15컵

1 닭을 속까지 핏기 없이 깨끗이 씻는다.
2 냄비에 모든 재료를 넣고 물을 부어 센 불에서 끓인다.
3 끓어오르면 중불로 줄여 뼈에서 살이 떨어질 때까지 푹 삶는다.
4 국물을 면포에 걸러 한 김 식힌다.

07
사골국물

재료 | 사골 3kg, 잡뼈 1kg, 물 4L

1 사골과 잡뼈를 찬물에 4시간 정도 담가 핏물을 뺀다. 1시간 간격으로 물을 갈면 좋다.
2 냄비에 사골와 잡뼈를 넣고 물을 넉넉히 부어 센 불에서 끓인다.
3 불순물이 떠오르면 물을 버리고 뼈를 씻는다.
4 사골과 잡뼈를 냄비에 넣고 다시 물 4L를 부어 센 불에 끓이다가, 팔팔 끓으면 중불로 줄인다.
5 국물이 뽀얗게 우러나면 불을 끄고 한 김 식힌다.

국물 보관은 이렇게!

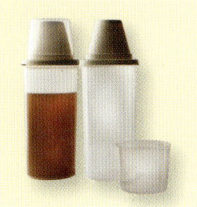

1주일 안에 쓸 국물은 냉장실에 둔다. 눈금이 있는 통에 담아두면 국물의 양을 쉽게 알 수 있고 따로 계량하지 않아도 되어 편리하다. 1주일 이상 둘 것은 냉동 보관한다. 튼튼한 지퍼백이나 우유팩에 1회분씩 담아 냉동실에 넣어두고 하나씩 꺼내 쓰면 편하다.

한 그릇 밥에 곁들이면 맛있는 양념장

기본 양념장

재료 | 간장 2큰술, 물 1큰술, 풋고추·홍고추 1/3개씩,
청주·설탕·참기름 1작은술씩, 깨소금 1/2작은술

1 풋고추와 홍고추를 잘게 다진다.
2 간장, 청주, 물, 설탕을 잘 섞은 뒤 참기름과 깨소금, 다진 고추를 넣어 섞는다.

부추양념장

재료 | 부추 10g, 간장 2큰술, 고춧가루 1큰술,
다진 마늘 1/2큰술, 참기름 1/2큰술, 깨소금 1큰술

1 부추를 송송 썬다.
2 부추와 나머지 재료를 섞는다.

약고추장

재료 | 다진 쇠고기 50g, 고추장 4큰술,
간장·설탕·참기름 1큰술씩, 통깨 1작은술
고기 양념 ┌ 다진 마늘 1큰술, 청주 1큰술,
         └ 후춧가루 조금

1 다진 쇠고기를 양념에 잰다.
2 달군 팬에 참기름을 두르고 쇠고기를 볶다가, 나머지 재료를 넣고 약한 불에서 볶는다.

된장양념장

재료 | 된장 4큰술, 표고버섯 2개, 풋고추·홍고추 1개씩,
다진 파·다진 마늘 3큰술씩, 설탕 2큰술,
참기름·깨소금 1큰술씩

1 표고버섯을 잘게 다지고, 풋고추와 홍고추도 씨를 빼 다진다.
2 표고버섯과 고추, 나머지 재료를 섞는다.

기본 양념장
부추양념장
약고추장
된장양념장

한 그릇 밥의 완성은 양념장이다. 깔끔한 간장양념장, 매콤 달콤한 약고추장, 구수한 된장양념장 등 쓰임새 많은 양념장을 소개한다.

초고추장

초고추장
재료 | 고추장 2큰술, 식초·레몬즙·설탕 1큰술씩, 매실청 1작은술

1 볼에 모든 재료를 넣어 설탕이 녹을 때까지 잘 섞는다.

고기된장양념장
재료 | 다진 쇠고기 60g, 양파 40g, 풋고추·홍고추 1개씩, 참기름·통깨 1작은술씩, 식용유 조금, 물 1/2컵
된장양념장 ┌ 된장 2큰술, 고추장·올리고당 1큰술씩,
           │ 다진 파·다진 마늘·다진 생강 1작은술씩,
           └ 설탕 1작은술, 후춧가루 조금

1 양파와 고추를 다진다. 다진 쇠고기는 된장양념장과 섞는다.
2 달군 팬에 기름을 두르고 양파를 살짝 볶아 향을 낸 뒤, 고기 섞은 된장양념장과 물을 넣어 약한 불로 조린다.
3 ②에 다진 고추와 참기름, 통깨를 넣어 섞는다.

고기된장양념장

풍미를 올리는 만능 채소기름

채소기름을 만들어두면 쉽게 음식 맛을 낼 수 있다. 해물요리에는 마늘기름을, 고기요리에는 생강기름을 쓰면 좋다. 냉장 보관하면 3개월 정도 둘 수 있다.

마늘기름
재료 | 다진 마늘 10쪽분, 식용유 1컵

1 기름을 중불에 끓여 뜨거워지면 다진 마늘을 넣고 갈색이 날 때까지 볶는다.
2 마늘기름을 충분히 식혀 체에 거른다.

페페론치노마늘기름
재료 | 저민 마늘 20쪽분, 굵게 썬 페페론치노 10g, 통후추 조금, 식용유 1컵

1 유리병에 마늘과 페페론치노를 담고 끓인 기름을 부어 식힌다.

파기름
재료 | 잘게 썬 대파 2대분, 통후추 조금, 식용유 1컵

1 팬에 대파와 기름을 넣고 약한 불에 볶다가, 파가 갈색으로 변하면서 거품이 나면 통후추를 넣고 불을 끈다.
2 파기름을 충분히 식혀 체에 거른다.

생강기름
재료 | 저민 생강 3쪽분, 식용유 1컵

1 생강을 체에 담고 끓인 기름을 조금씩 부으며 우려 식힌다.

요리의 화룡점정, 고명

당근
맛은 물론 색을 더하는 데도 그만이어서 여러 요리에 빠지지 않는 채소다. 달고 향긋하며 주황 빛깔이 식욕을 돋워 고명으로 쓰기 좋다. 채 썰어 올려도 좋고, 다양한 모양 틀을 이용해 포인트를 줘도 예쁘다. 비빔밥 등에는 볶아서 쓰기도 한다.

실파
실파는 뿌리부터 잎까지 굵기가 일정하고 진액이 적으며 익히지 않고 먹어도 부담이 없어 고명으로 쓰기 좋다. 송송 썬 실파는 다양한 음식에 두루 어울리며, 길게 썰어 올리면 음식이 깔끔해 보인다. 맑은 국물요리에는 3cm 길이로, 건더기가 많은 국물요리에는 어슷하게 썰어 올리면 좋다.

지단
고기 등 색이 진한 음식이나 간장으로 양념한 음식에 올리면 먹음직스럽다. 고기요리에는 마름모꼴로, 비빔밥에는 도톰하게 채 썰어 올리면 보기 좋다. 흰자와 노른자를 나눠서 부쳐도 되고, 흰자와 노른자의 비율을 조절해 원하는 색을 만들어도 좋다.

지단 만들기	
	1 달걀을 알끈을 떼어내고 곱게 푼 뒤, 소금으로 약하게 간해 체에 한 번 거른다.
	2 달군 팬에 기름을 두르고 불을 줄인 뒤, 종이타월로 기름을 조금만 남기고 닦아낸다.
	3 푼 달걀을 팬에 부어 넓게 편다. 달걀 표면이 마르면 뒤집지 말고 젓가락으로 들어서 꺼낸다.
	4 한 김 식혀서 고운 채, 직사각형, 마름모꼴 등 원하는 모양으로 썬다.

고명이 정성스럽게 올라간 음식은 보기 좋을 뿐 아니라 맛도 있다. 특히 한 그릇 밥에는 고명의 역할이 더 중요하다. 음식을 빛내는 포인트가 된다.

어린잎채소

색과 모양이 다양해 음식을 풍성하고 보기 좋게 만든다. 아삭아삭 연하고 부드러운 맛이 좋아 비빔밥은 물론 고기요리, 튀김 등 다양한 요리와 어울린다.

덴카츠

튀김 반죽을 끓는 기름에 탁탁 뿌려 꽃처럼 튀긴 것으로 일본 음식에 자주 쓴다. 덮밥 등에 올리면 고소하고 바삭해 맛있다. 시중에서 쉽게 살 수 있고, 만드는 방법도 간단하다.

덴카츠 만들기	1 튀김가루·감자녹말·찬물 1/4컵씩과 얼음 1조각을 섞는다. 2 170℃의 기름에 반죽을 뿌리듯이 넣어 바삭하게 튀겨낸다.

새싹채소

알록달록 여러 색을 지닌 새싹채소는 식욕을 자극한다. 고기요리나 비빔밥 등에 고명으로 올리면 아삭하고 상큼한 맛을 더한다.

마늘 플레이크

음식 모양을 살릴 뿐 아니라 바삭하고 고소하며 아린 맛이 없어 아이들도 맛있게 먹을 수 있다. 볶음밥이나 커리, 스테이크, 돈가스 등에 올리면 고급스럽다. 만들기도 쉽고, 마트에서 살 수도 있다.

마늘 플레이크 만들기	1 마늘을 얇게 저며서 찬물에 담가 아린 맛을 뺀다. 2 170℃의 기름에 노릇하게 튀기거나, 180~200℃의 오븐에 5분 정도 바삭하게 굽는다.

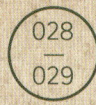

컵밥 & 도시락 싸기 아이디어

불고기부리토

재료 | 토르티야 지름 20cm 1장, 밥 1/2공기, 양념불고기 200g, 모차렐라 치즈 1/2컵, 양파·파프리카 1/2개씩, 식용유 조금

1 양파와 파프리카를 채 썬다.
2 달군 팬에 기름을 두르고 양파를 볶다가 밥과 파프리카를 넣어 볶는다.
3 달군 팬에 기름을 두르고 양념불고기를 볶는다.
4 토르티야에 모차렐라 치즈를 올리고 볶은 밥과 불고기를 얹은 뒤 다시 모차렐라 치즈를 올린다.
5 토르티야로 감싸 말아 약한 불에서 치즈가 녹을 정도로 굽는다.

밥전

재료 | 밥 1공기, 통조림 참치 50g, 달걀 2개, 양파·당근 1/3개씩, 청양고추 1개, 식용유 적당량

1 양파와 당근, 청양고추를 다진다.
2 참치는 체에 밭쳐 기름을 뺀다.
3 밥과 참치, 다진 채소, 달걀을 섞는다.
4 달군 팬에 기름을 두르고 밥 반죽을 떠 넣어 동글납작하게 부친다.

tip 반 잘라 깊이가 있는 도시락에 세워서 담으면 보기 좋아요. 유산지나 종이 포일로 싸도 좋아요.

tip 얕은 도시락에 나란히 세워 담거나 입구가 넓은 병에 켜켜로 담으면 먹기 편해요. 기름에 조리한 음식이니 종이 포일을 깔고 한 김 식혀서 담으세요.

도시락은 식어도 맛있고, 먹기 편하며, 싸 가기도 간편해야 한다. 컵밥, 무스비 등은 예쁘고 먹기 좋아 도시락 메뉴로 안성맞춤이다. 포장 센스까지 더하면 맛과 멋이 가득한 도시락이 된다.

tip 비닐 랩으로 한 번 감싼 뒤, 유산지나 종이 포일로 말아 사탕처럼 묶으면 간편해요.

무스비

재료 | 밥 1공기, 통조림 햄 폭 1cm 2장, 김 1장
밥 양념   소금 2g, 참기름 2작은술, 깨소금 조금

1 달군 팬에 햄을 넣고 노릇하게 지진다.
2 밥에 소금, 참기름, 깨소금을 넣어 섞는다.
3 햄 통에 비닐 랩을 깔고 밥을 3cm 정도 채운 뒤 햄을 올린다. 비닐 랩을 빼내어 모양을 잡는다.
4 김을 1cm 폭으로 길게 잘라 무스비에 두른다.

tip 일회용 컵이나 작은 밀폐용기에 담으면 한 김 식혀서 담으세요.

불닭컵밥

재료 | 밥 1공기, 닭가슴살 100g, 양파 1/2개, 양배추 2장,
마요네즈 2큰술, 파슬리가루 조금
닭고기 양념   고추장·간장·핫 소스 1큰술씩, 청양고춧가루 2큰술,
토마토케첩 2큰술, 다진 마늘 1작은술,
생강가루·후춧가루 조금씩

1 닭가슴살을 먹기 좋게 썰고, 양파와 양배추도 닭가슴살과 같은 크기로 썬다.
2 닭고기 양념을 섞어 닭가슴살을 30분간 잰다.
3 달군 팬에 기름을 두르고 닭가슴살을 볶다가 반 정도 익으면 채소를 넣어 볶는다.
4 컵에 밥을 담고 볶은 닭고기를 올린 뒤 마요네즈와 파슬리가루를 뿌린다.

오믈렛컵밥

재료 | 밥 1공기, 달걀 1개, 우유 1/2컵, 햄 30g,
게맛살 20g, 양파 20g, 실파 조금,
소금·후춧가루 조금씩

1 햄과 게맛살, 양파는 다지고, 실파는 송송 썬다.
2 달걀을 풀어 우유를 섞고 소금, 후춧가루로 간한다.
3 푼 달걀에 밥과 준비한 재료들을 넣어 섞은 뒤, 내열 그릇에 담고 실파를 올린다.
4 전자레인지에 3분간 익힌다.

PART 1

덮밥

수란불고기덮밥

육즙이 풍부한 불고기를 듬뿍 올려 맛있고 든든한 한 끼예요.
부드러운 수란이 입맛을 돋워요.

재료_2인분

밥 2공기
소 등심 200g
표고버섯 1개
팽이버섯 100g
양파 1/2개
어린잎채소 1줌(30g)
물 1큰술

불고기 양념

간장 3큰술
설탕 1큰술
물엿 1큰술
다진 파 1큰술
다진 마늘 1큰술
소금 1/2작은술
후춧가루 조금

수란

달걀 2개
물 2½컵
식초 1큰술
소금 조금

만들기

1 쇠고기는 찬물에 20분 정도 담가 핏물을 뺀 뒤, 손가락 굵기로 채 썰어 불고기 양념에 잰다.

2 표고버섯과 양파는 굵게 채 썰고, 팽이버섯은 밑동을 넉넉히 잘라 가닥을 나눈다.

3 냄비에 물을 붓고 식초, 소금을 넣어 끓인다. 물이 끓으면 달걀을 국자에 담아서 끓는 물에 조심스럽게 담가 익힌다.

4 달군 팬에 양념한 쇠고기와 물 1큰술을 넣어 볶는다. 쇠고기가 어느 정도 익으면 표고버섯, 양파, 팽이버섯을 넣고 약한 불에 5분 정도 볶는다.

5 따뜻한 밥에 불고기와 수란, 어린잎채소를 얹는다.

1

2

3

4

tip 수란을 만들기 어려우면 달걀프라이를 올려도 돼요. 노른자가 흐르도록 반숙으로 만들어야 불고기와 어우러져 맛있어요.

매콤 제육덮밥

누구나 좋아하는 고기 덮밥이에요.
매콤한 고추장양념으로 맛을 내 입에 착착 붙어요.

재료_2인분

밥 2공기
돼지 목살 200g
양배추 4장
당근 1/2개
양파 1/4개
청양고추 2개
홍고추 1개
대파 1대
청주 3큰술
생강기름 1큰술
소금 1작은술

돼지고기 양념

고추장 1큰술
고춧가루 4큰술
간장 1큰술
설탕 1큰술
다진 마늘 2작은술
생강즙 1작은술
참기름 1큰술
깨소금 1/2큰술
소금·후춧가루 조금씩

만들기

1 돼지고기는 적당한 크기로 썬 뒤, 청주와 소금을 뿌려서 20분 정도 두어 누린내를 없앤다.

2 양배추와 당근, 양파는 2×4cm 크기로 썰고, 청양고추와 홍고추, 대파는 어슷하게 썬다.

3 돼지고기에 양념을 넣고 버무려 20분 정도 잰다.

4 달군 팬에 생강기름을 두르고 재둔 고기를 볶다가 준비한 채소를 넣어 센 불에서 재빨리 볶는다.

5 따뜻한 밥에 ④의 제육볶음을 올려 담는다.

1

2

3

4

tip 생강을 얇게 저며 체에 담고 끓인 기름을 조금씩 부으면 생강기름이 만들어져요. 기름 1컵에 생강 3쪽 정도의 비율로 만들면 적당해요.

해물커리덮밥

해물의 바다 향과 커리의 매콤한 맛이 어우러져 풍미가 좋아요.
냉동 해물을 이용하면 쉽게 만들 수 있어요.

재료_2인분

밥 2공기
냉동 모둠해물 250g
그린홍합 10개
셀러리 1/2대
양파 1/2개
마늘 2쪽
코코넛밀크 1/2컵
카레가루 1/2컵
포도씨유 1큰술
물 2½컵
파슬리가루 조금

만들기

1 모둠해물과 그린홍합은 물에 한 번 헹궈 물기를 뺀다.

2 셀러리는 겉의 섬유질을 벗겨 1cm 길이로 어슷하게 썬다. 양파는 가늘게 채 썰고, 마늘은 저민다.

3 달군 팬에 기름을 두르고 저민 마늘과 채 썬 양파를 넣어 센 불에서 볶다가 셀러리를 넣고 살짝 볶는다.

4 ③에 모둠해물과 그린홍합을 넣고 카레가루를 넣어 볶다가 물을 부어 끓인다.

5 5분간 끓인 뒤 코코넛밀크를 넣고 다시 한번 끓인다.

6 그릇에 따뜻한 밥을 담고 해물커리를 부은 뒤 파슬리가루를 뿌린다.

2

3

4

5

tip 해물 대신 닭고기나 쇠고기 등 다른 고기를 넣어도 좋아요. 마지막에 고수를 올리면 좀 더 이색적인 향을 즐길 수 있어요.

치킨마요덮밥

냉동식품을 이용해 손쉽게 만들 수 있는 덮밥이에요.
고추냉이로 매콤한 맛을 더해 느끼하지 않아요.

재료_2인분

밥 2공기
냉동 치킨 너겟 200g
양파 1/2개
양상추 3장
어린잎채소 1줌(30g)
데리야키 소스 5큰술
후춧가루 조금
파슬리가루 조금

마요네즈 소스

마요네즈 2큰술
고추냉이 조금

만들기

1 치킨 너겟을 170℃의 기름에 바삭하게 튀긴다.

2 양파와 양상추는 채 썰고, 어린잎채소는 찬물에 담가 물기를 뺀다.

3 달군 팬에 기름을 두르고 양파를 볶다가, 양파가 투명해지면 튀긴 치킨 너겟을 넣고 데리야키 소스와 후춧가루로 양념해 볶는다.

4 마요네즈와 고추냉이를 잘 섞어 짤주머니에 담는다.

5 따뜻한 밥에 양상추와 어린잎채소를 올리고 볶은 치킨 너겟을 얹는다. 마요네즈 소스를 뿌리고, 파슬리가루로 장식한다.

1

2

3

4

tip 먹다 남은 프라이드치킨이 있으면 살만 발라서 치킨 너겟 대신 넣어보세요. 너겟과 달리 살코기의 질감을 느낄 수 있답니다.

마파두부덮밥

부드러운 두부와 돼지고기를 매콤하게 볶아서 밥에 얹은 중식 덮밥이에요. 맛도 좋고 소화도 잘 된답니다.

재료_2인분

밥 2공기
두부 1모
다진 돼지고기 150g
양파 1/2개
청·홍고추 1/2개씩
실파 1뿌리
다진 마늘 1큰술
다진 생강 1작은술
고추기름 1큰술
두반장 2큰술
간장 1큰술
설탕 1/2작은술
참기름 조금
소금·후춧가루 조금씩
물 2컵

돼지고기 밑간

청주 1작은술
소금·후춧가루 조금씩

녹말물

녹말가루 1큰술
물 1큰술

만들기

1 두부는 사방 3cm 크기로 깍둑썰기 해 소금을 살짝 뿌려둔다.

2 다진 돼지고기에 청주, 소금, 후춧가루를 뿌려 밑간한다.

3 양파와 청·홍고추는 굵게 다지고, 실파는 송송 썬다. 마늘과 생강은 다진다.

4 팬에 고추기름을 두르고 다진 마늘과 다진 생강, 양파, 청·홍고추를 볶다가, 양파가 투명해지면 돼지고기를 넣고 더 볶는다.

5 돼지고기가 익으면 두반장과 간장을 넣어 볶다가, 물과 두부를 넣고 2분 정도 끓인다.

6 두부와 돼지고기에 양념이 배면 설탕, 소금, 후춧가루로 간한 뒤 녹말물을 두세 번에 나누어 넣는다. 마지막에 참기름을 넣는다.

7 그릇에 따뜻한 밥을 담고 마파두부를 얹은 뒤 송송 썬 실파를 뿌린다.

1

2

3

4

6

tip 두부 대신 연두부를 넣어도 부드럽고 좋아요. 연두부를 쓸 때는 부서지지 않도록 조심하세요. 마파두부덮밥은 달걀국과 함께 먹으면 잘 어울려요.

데리야키쇠고기덮밥

달콤한 데리야키 소스로 맛을 내 누구나 좋아해요.
숙주와 배추를 넣어 비타민과 미네랄 등의 영양을 보완했어요.

재료_2인분

밥 2공기
우삼겹 200g
숙주 100g
배춧잎 2장
양파 1/2개
실파 1뿌리
달걀 2개
데리야키 소스 2큰술
포도씨유 1큰술
다진 마늘 1큰술
소금·후춧가루 조금씩
파슬리가루 조금

만들기

1 숙주는 깨끗이 다듬어 씻고, 양파는 가늘게 채 썬다. 배춧잎은 양파와 같은 크기로 채 썰고, 실파는 송송 썬다.

2 달군 팬에 기름을 두르고 다진 마늘을 볶아 마늘기름을 만든다. 마늘이 갈색으로 변하면 우삼겹을 넣고 소금, 후춧가루로 간해 볶는다.

3 고기가 살짝 익으면 양파와 배춧잎을 넣어 볶는다. 배춧잎이 숨이 죽으면 숙주와 데리야키 소스를 넣고 조금 더 볶는다.

4 달군 팬에 기름을 조금만 두르고 달걀프라이를 만든다.

5 따뜻한 밥에 볶은 쇠고기를 얹고 달걀프라이를 올린 뒤 파슬리가루를 뿌린다.

1

2

3

4

tip 숙주는 아삭한 맛이 좋은데 너무 많이 볶으면 그 질감이 사라져요. 다른 재료들이 거의 다 익었을 때 넣어 센 불에서 재빨리 볶으세요.

돈가스덮밥

돈가스를 달짝지근한 소스에 적셔 밥 위에 얹어 먹는 일본식 덮밥이에요. '가츠동'이라고도 해요.

재료_2인분

밥 2공기
돼지 등심 400g
양파 1/2개
무순 10g
달걀 2개
식용유 적당량

돼지고기 밑간

소금·후춧가루 조금씩

튀김옷

달걀 2개
밀가루 1컵
빵가루 2컵

국물

다시마 10×10cm 1장
쯔유 4큰술
물 2컵

만들기

1 돼지고기를 돈가스용으로 준비해 납작하게 편다. 소금, 후춧가루로 밑간하고 밀가루, 달걀, 빵가루 순으로 튀김옷을 입혀 꼭꼭 누른다.

2 끓는 물에 다시마를 넣고 끓여 다시마국물을 만든 뒤 쯔유를 넣어 간을 맞춘다.

3 양파는 채 썰고, 무순은 물에 담가두고, 달걀은 풀어놓는다.

4 팬에 기름을 넉넉히 두르고 ①의 돼지고기를 넣어 노릇하게 튀긴다. 튀겨낸 돈가스는 3cm 폭으로 썰어놓는다.

5 팬에 ②의 국물을 부어 끓이다가 양파를 넣고 튀긴 돈가스를 넣어 끓인다. 보글보글 끓어오를 때 달걀을 풀어 가장자리에 둘러가며 붓고 살짝 익힌다.

6 그릇에 밥을 담고 ⑤의 돈가스와 국물을 부은 뒤 무순을 올린다.

1

2

3

4

5

tip 돈가스를 만들기가 번거로우면 냉동식품이나 반조리식품을 사용해도 좋아요. 냉동 돈가스를 쓸 때는 해동해서 튀기세요. 냉동 상태로 끓는 기름에 넣으면 기름이 튀어 위험해요.

매콤 낙지오징어덮밥

야들야들한 낙지와 쫄깃한 오징어의 맛을 함께 느낄 수 있어요. 청양고추를 넣은 화끈한 맛이 입맛을 살려줘요.

재료_2인분

밥 2공기
낙지 1/2마리
오징어 몸통 1마리분
미나리 1/2줌
양파·양배추 1/2개씩
청양고추 1개
홍고추 1개
대파 1/2대
다진 마늘 1큰술
참기름 조금
식용유 3큰술

낙지 손질
밀가루 1큰술

볶음 양념
고추장 2큰술
고춧가루 1큰술
간장·청주 1큰술씩
물엿 2큰술
다진 마늘 1큰술
후춧가루 조금

만들기

1 낙지는 밀가루를 넣어 바락바락 주물러 씻고, 오징어는 종이타월로 껍질을 잡아 벗긴다. 손질한 오징어와 낙지는 5cm 길이로 썬다.

2 미나리는 다듬어 씻어 4cm 길이로 썰고, 양파와 양배추는 채 썬다. 청양고추, 홍고추, 대파는 어슷하게 썬다.

3 볶음 양념 재료를 모두 섞은 뒤, 손질한 오징어와 낙지를 양념 1큰술에 버무려 재둔다.

4 팬에 기름을 두르고 나머지 양념을 넣어 재빨리 볶다가 다진 마늘과 준비한 채소를 넣고 볶는다.

5 양배추가 살짝 익으면 낙지와 오징어를 넣고 센 불에서 재빨리 볶는다.

6 따뜻한 밥에 낙지오징어볶음을 올리고 참기름을 뿌린다.

1

2

4

5

tip 낙지와 오징어는 너무 오랫동안 볶으면 질겨져요. 양념이 배도록 미리 재두었다가 센 불에서 재빨리 볶아내세요.

크림크로켓덮밥

밥을 베이컨, 버섯, 양파 등과 섞어 바삭한 크로켓을 만들었어요.
크림소스와 함께 먹으면 별미예요.

재료_2인분

밥 1공기
삶아 으깬 감자 1개분
다진 베이컨 2큰술
다진 양송이버섯 2큰술
다진 셀러리·양파 2큰술씩
소금·후춧가루 조금씩
파슬리가루 조금
식용유 적당량

튀김옷
달걀 1개
밀가루·빵가루 1/2컵씩

크림소스
우유·생크림 3/4컵씩
베이컨 2줄
양송이버섯 3개
양파 1/4개
버터 1/2큰술
소금·후춧가루 조금씩
화이트 루
(버터 2큰술, 밀가루 2큰술)

만들기

1 크림소스에 넣을 버섯은 저미고, 베이컨은 3cm 길이로 썰고, 양파는 다진다.

2 팬에 버터를 녹인 뒤 밀가루를 넣고 약한 불에서 저어가며 5~6분간 볶아 화이트 루를 만든다.

3 다른 팬에 버터를 두르고 베이컨, 양파, 버섯을 볶다가 우유와 생크림을 넣는다. 살짝 끓어오르면 화이트 루를 넣어 농도를 맞춘다.

4 밥에 으깬 감자, 다진 베이컨, 다진 버섯과 채소들을 넣고 소금, 후춧가루로 간해 잘 섞는다.

5 ④의 밥을 동그랗게 빚어 밀가루, 달걀, 빵가루 순으로 입힌다.

6 우묵한 팬에 기름을 넉넉히 붓고 끓인다. 기름이 끓으면 ⑤의 밥을 하나씩 넣어 노릇하게 튀긴다.

7 그릇에 크림소스를 붓고 크로켓을 올린 뒤 파슬리가루를 뿌린다.

1 2 3 4 5

tip 화이트 루를 만들 때 불의 세기에 주의하세요. 불이 세면 루가 되기 전에 밀가루가 타 버린답니다. 크림소스 대신 커리나 스파게티 소스를 곁들여도 맛있어요.

갈릭스테이크카레라이스

050
—
051

카레라이스에 스테이크를 얹고 바삭한 마늘 플레이크를 뿌렸어요.
맛도 모양도 레스토랑 요리 못지않아요.

재료_2인분

밥 2공기
마늘 플레이크 100g
파슬리가루 조금

스테이크
다진 쇠고기 100g
다진 돼지고기 100g
다진 양파 2큰술
송송 썬 실파 1큰술
다진 마늘 1큰술
청주 1큰술
소금·후춧가루 조금씩
식용유 적당량

카레 소스
고형 카레 2조각
양송이버섯 4개
양파 1/2개
마늘 4쪽
버터 1큰술
물 2컵

만들기

1 양송이버섯과 마늘은 저미고, 양파는 잘게 다진다.

2 곱게 다진 쇠고기와 돼지고기를 다진 양파와 마늘, 실파, 청주, 소금, 후춧가루로 양념해 10분 정도 잰다.

3 재둔 고기를 여러 번 주무른 뒤 동글납작하게 만든다.

4 달군 팬에 버터를 두르고 양파, 마늘을 볶다가 양송이버섯을 넣어 좀 더 볶는다.

5 ④에 물을 붓고 끓이다가 고형 카레를 넣고 잘 녹여가며 끓인다.

6 달군 팬에 기름을 두르고 ③의 스테이크 반죽을 올려 속까지 잘 익도록 앞뒤로 뒤집어가며 굽는다.

7 그릇에 밥을 담고 스테이크를 얹은 뒤, 카레 소스를 붓고 마늘 플레이크와 파슬리가루를 뿌린다.

tip 마늘 플레이크는 맵지 않아서 아이들도 잘 먹어요. 마늘을 얇게 저며서 바삭하게 튀기면 되는데, 마트에서 쉽게 살 수도 있어요.

오야코동

부드럽고 담백한 일본식 닭고기달걀덮밥이에요.
만들기는 쉬우면서 전문점 못지않은 맛을 낼 수 있어요.

재료_2인분

밥 2공기
닭가슴살 200g
양파 1/4개
대파 1/3대
달걀 2개
송송 썬 실파 2큰술
간장 3큰술
청주 2큰술
설탕 1큰술
후춧가루 조금
식용유 2큰술

닭고기 밑간

청주 1큰술
소금·후춧가루 조금씩

국물

다시마 10×10cm 1장
가다랑어포 20g
물 1컵

만들기

1 냄비에 물과 다시마를 넣고 끓인 뒤 불을 끄고 다시마를 건져낸다. 여기에 가다랑어포를 넣고 5분간 우려 체에 거른다.

2 닭가슴살은 한입 크기로 썰어 청주, 소금, 후춧가루를 뿌려둔다.

3 양파는 채 썰고, 대파는 어슷하게 썬다. 달걀은 곱게 풀어놓는다.

4 팬에 기름을 두르고 밑간한 닭가슴살을 볶는다.

5 고기가 익으면 ①의 국물과 양파, 대파를 넣고 간장, 청주, 설탕, 후춧가루로 간해 끓인다. 끓어오르면 달걀을 흘려 넣고, 달걀이 익기 시작하면 불을 끈다.

6 그릇에 따뜻한 밥을 담고 ⑤의 닭고기와 국물을 부은 뒤 실파를 뿌린다.

1 2 3 4 5

tip 닭고기의 누린내를 잡는 데는 우유에 담가두는 방법도 있어요. 30분 정도 담갔다가 물에 헹궈서 사용하세요.

차슈덮밥

달콤 짭짤한 소스에 조린 돼지고기를 '차슈'라고 해요.
색다른 일본식 덮밥을 즐겨보세요.

재료_2인분

밥 2공기
삼겹살 400g
양파 1/4개
실파 1뿌리

삼겹살 밑간

청주 조금
후춧가루 조금

차슈 소스

간장 5큰술
청주 3큰술
설탕 2큰술
올리고당 2큰술
대파 10cm 2대
마늘 2~3쪽
저민 생강 2~3쪽
물 1컵

만들기

1 삼겹살에 청주와 후춧가루를 뿌려, 달군 팬에 앞뒤로 노릇하게 굽는다.

2 양파는 가늘게 채 썰어 찬물에 담가 매운맛을 뺀다. 실파는 송송 썬다.

3 팬에 차슈 소스 재료와 구운 삼겹살을 넣어 센 불에서 끓인다. 바글바글 끓으면 중불로 줄여 소스가 자작해질 때까지 20분 정도 더 조린다.

4 삼겹살이 골고루 조려지면 먹기 좋은 크기로 자른다.

5 그릇에 따뜻한 밥을 담고 조린 삼겹살을 얹은 뒤 차슈 소스 2큰술을 끼얹는다. 그 위에 채 썬 양파와 송송 썬 실파를 올린다.

1

2

3

tip 차슈를 넉넉히 만들어두면 요긴하게 쓸 수 있어요. 라면은 물론 다양한 국수에 고명으로 올리면 맛도 좋고 모양도 산답니다.

새우튀김덮밥

'에비동'이라고 하는 일본의 대표 덮밥이에요.
달착지근한 국물과 바삭한 새우튀김이 잘 어울려요.

재료_2인분

밥 2공기
양파 1/2개
팽이버섯 30g
달걀 2개
실파 조금

새우튀김

새우(중하) 4마리
달걀 1개
밀가루 1/3컵
빵가루 1컵
소금·후춧가루 조금씩
식용유 적당량

국물

다시마국물 1컵
간장 3큰술
청주 1큰술
설탕 2큰술

만들기

1 새우는 머리와 꼬리를 남기고 껍데기를 벗긴 뒤, 꼬리 가운데에 달린 물집을 자르고 등 쪽의 내장을 빼낸다. 손질한 새우는 배 쪽에 칼집을 넣어 납작하게 누르고 소금, 후춧가루로 간한다.

2 양파는 채 썰고, 팽이버섯은 밑동을 잘라내고, 실파는 송송 썰어놓는다.

3 밑간한 새우에 밀가루, 달걀, 빵가루 순으로 옷을 입혀 기름에 노릇하게 튀긴다.

4 팬에 국물 재료를 모두 넣어 끓인 뒤, 양파와 팽이버섯을 넣고 함께 끓인다.

5 달걀을 곱게 풀어 ④에 흘려 붓고 살짝 익으면 불을 끈다.

6 그릇에 따뜻한 밥을 담고 ⑤의 국물을 부은 뒤 튀긴 새우를 올리고 실파를 뿌린다.

1

2

5

tip 새우 꼬리의 물집을 잘라내지 않으면 튀길 때 기름이 튀어요. 잊지 말고 잘라내세요. 내장은 이쑤시개로 등 쪽 마디 사이를 찔러 빼내면 돼요.

버섯덮밥

버섯의 향과 쫄깃하게 씹히는 맛이 일품이에요.
칼로리가 거의 없고 식이섬유가 풍부한 건강식이랍니다.

재료_2인분

밥 2공기
표고버섯 3개
양송이버섯 2개
느타리버섯 50g
팽이버섯 50g
양파 1/3개
양배추 2장
부추 10g
참기름 1큰술
간장 2큰술
청주 1큰술
설탕 1작은술
물 1/2컵
통후추 조금

녹말물

녹말가루 1큰술
물 1큰술

만들기

1 표고버섯은 채 썰고, 양송이버섯은 모양대로 썬다. 느타리버섯은 가늘게 찢고, 팽이버섯은 밑동을 넉넉히 잘라낸다. 양파와 양배추도 채 썬다.

2 녹말가루와 물을 같은 양으로 섞어 녹말물을 만들어둔다.

3 달군 팬에 참기름을 두르고 양파를 볶다가 준비한 버섯과 양배추, 부추를 넣고 다시 한번 볶는다.

4 ③에 간장, 청주, 설탕을 넣고 조금 더 볶다가 물을 넣어 끓인다. 마지막에 녹말물을 흘려 넣어 걸쭉하게 농도를 맞춘다.

5 그릇에 따뜻한 밥을 담고 ④를 올린 뒤, 통후추를 갈아서 뿌린다.

tip 한 가지 버섯만 넣어 깊은 풍미를 즐겨도 좋아요. 녹말물은 농도를 봐가면서 조금씩 넣으세요.

회덮밥

매콤 새콤한 맛이 입맛을 살려 덥고 지치는 여름에 먹으면 좋아요.
냉동 참치만 있으면 집에서 손쉽게 만들 수 있어요.

재료_2인분

밥 2공기
냉동 참치 200g
연어 100g
오이 1/2개
당근 1/3개
깻잎 2장
상추 10장
적채 20g
양파 1/2개
무순 10g

참치·연어 밑간

참기름·소금 조금씩

초고추장

고추장 2큰술
다진 마늘 1큰술
식초 1큰술
매실청 2큰술
깨소금 조금

만들기

1 냉동 참치를 상온에서 살짝 녹인다.

2 참치와 연어를 깍둑썰기 해 참기름과 소금을 뿌려둔다.

3 오이와 당근, 깻잎, 상추, 적채, 양파는 가늘게 채 썬다. 무순은 씻어 물기를 뺀다.

4 초고추장 재료를 잘 섞는다.

5 그릇에 밥을 담고 채소와 참치, 연어를 올린 뒤 초고추장을 곁들인다.

tip 참치 외에 연어, 광어 등 다른 생선을 넣어도 맛있어요. 마트에서 파는 다양한 회를 이용해보세요.

PART 2

볶음밥

FRIED RICE

오므라이스

밥을 볶아서 지단으로 감싸고 데미글라스 소스로 맛을 냈어요.
스타일리시한 한 끼를 즐기세요.

재료_2인분

밥 2공기
햄 100g
청·홍피망 1/4개씩
양파 1/4개
어린잎채소 30g
토마토케첩 2큰술
식용유 적당량

지단

달걀 3개
소금·후춧가루 조금씩
식용유 조금

오므라이스 소스

양송이버섯 2개
데미글라스 소스 3큰술
토마토케첩 1큰술
버터 1큰술
후춧가루 조금
물 1/2컵

만들기

1 볶음밥에 넣을 햄, 피망, 양파는 굵게 다지고, 소스에 넣을 양송이버섯은 모양을 살려 저민다.

2 팬에 버터를 두르고 양송이버섯과 나머지 소스 재료를 모두 넣어 끓인다.

3 달걀은 체에 걸러 곱게 푼 뒤 소금, 후춧가루로 간한다. 팬에 기름을 조금 두르고 약한 불에서 둥글게 지단을 부친다.

4 달군 팬에 기름을 두르고 다진 햄, 피망, 양파를 볶다가 밥을 넣고 토마토케첩을 넣어 골고루 섞는다.

5 ③의 지단 위에 볶은 밥을 올리고 지단으로 감싼다.

6 접시에 오므라이스를 조심스럽게 담고 오므라이스 소스를 뿌린다. 어린잎채소를 옆에 곁들인다.

1

2

3

4

tip 데미글라스 소스는 돈가스, 스테이크, 스파게티, 덮밥 등 다양한 음식에 어울려서 만들어 두면 요긴해요. 달군 팬에 밀가루와 버터를 2큰술씩 넣어 갈색이 날 때까지 볶은 뒤, 토마토케첩 2큰술, 우스터소스 1큰술, 물 2컵, 소금·후춧가루를 조금씩 넣어 끓이면 돼요.

스팸김치볶음밥

재료는 간단하지만 맛은 기가 막힌 한 그릇 밥이에요.
마늘을 버터로 볶아 맛과 향이 더 좋아요.

재료_2인분

밥 2공기
김치 1컵
통조림 햄(스팸) 200g
다진 마늘 1/2큰술
버터 1큰술
참기름 조금
소금 조금

만들기

1 김치는 소를 털어 송송 썰고, 햄은 사방 2cm 크기로 큼직하게 깍둑썰기 한다.

2 달군 팬에 버터를 녹인 뒤 다진 마늘을 넣어 볶는다.

3 마늘을 볶은 팬에 김치를 넣어 볶다가 햄을 넣고 다시 한번 볶는다. 김치가 많이 시면 설탕을 조금 넣는다.

4 ③에 밥을 넣고 잘 섞어가며 볶는다. 마지막에 참기름으로 맛을 내고 소금으로 간을 맞춘다.

1

2

3

4

tip 김치볶음밥에 달걀프라이가 빠지면 서운하다고요? 달걀프라이는 반숙으로 만들어 올리세요. 터뜨려서 비벼 먹어도 맛있고, 따로 먹어도 맛있어요.

쇠고기마늘볶음밥

마늘로 풍미를 더한 쇠고기볶음밥이에요.
항암식품인 마늘이 넉넉히 들어가 몸에도 좋아요.

재료_2인분

밥 2공기
다진 쇠고기 200g
마늘 8쪽
마늘종 1대
페페론치노 4개
소금·후춧가루 조금씩
올리브유 4큰술

쇠고기 밑간

청주 1큰술
소금·후춧가루 조금씩

만들기

1 다진 쇠고기를 청주, 소금, 후춧가루로 밑간한다.

2 마늘은 얇게 저미고, 마늘종은 송송 썬다.

3 달군 팬에 올리브유를 두르고 저민 마늘을 볶다가 페페론치노를 넣고 함께 볶는다.

4 ③에 쇠고기를 넣어 볶다가, 쇠고기가 어느 정도 익으면 마늘종을 넣고 함께 볶는다.

5 ④에 밥을 넣고 골고루 섞은 뒤 소금, 후춧가루로 간한다.

tip 페페론치노는 이탈리아 고추로 매운맛이 강해요. 마트에서 살 수 있는데, 없으면 마른 청양고추를 써도 돼요.

아스파라거스베이컨볶음밥

아삭아삭한 아스파라거스에 베이컨과 마늘로 풍미를 더했어요.
재료도 간단하고 만들기도 쉬워요.

재료_2인분

밥 2공기
베이컨 100g
아스파라거스 2개
표고버섯 2개
대파 1/2대
마늘 2쪽
소금·후춧가루 조금씩
식용유 4큰술

만들기

1 베이컨은 2cm 길이로 썰고, 표고버섯은 굵게 다지고, 아스파라거스와 대파는 어슷하게 썬다. 마늘은 얇게 저민다.

2 달군 팬에 기름을 두르고 센 불에서 대파를 볶아 파기름을 만든다.

3 ②에 베이컨과 저민 마늘을 넣어 마늘 향이 나도록 볶는다.

4 ③에 표고버섯과 아스파라거스를 넣고 밥을 넣어 센 불에서 재빨리 볶는다.

5 소금, 후춧가루로 간을 한다.

1

2

3

4

tip 아스파라거스는 센 불에서 재빨리 볶아야 아삭거리는 질감을 살릴 수 있어요. 아스파라거스베이컨볶음밥에 데미글라스 소스를 곁들어 먹어도 맛있어요.

닭가슴살나시고렝

맛있기로 세계에서 손꼽히는 인도네시아 전통요리예요.
이국적인 맛이 색다른 즐거움을 줘요.

재료_2인분

밥 2공기
닭가슴살 200g
숙주 2줌
피망 1/2개
노랑 파프리카 1/3개
양파 1/2개
고수 조금
다진 마늘 1큰술
청주 1큰술
식용유 2큰술

나시고렝 소스

칠리 페이스트 1작은술
토마토 페이스트 1/2작은술
칠리파우더 1/2작은술
피시소스 1/2작은술
설탕·굴 소스 조금씩

만들기

1 닭가슴살을 깍둑썰기 해 청주를 뿌려둔다.

2 숙주는 씻어서 체에 밭쳐 물기를 빼고, 피망과 파프리카, 양파는 사방 2cm 크기로 썬다.

3 달군 팬에 기름을 두르고 다진 마늘, 닭가슴살, 양파, 피망, 파프리카 순으로 넣어 볶다가 나시고렝 소스 재료를 넣어 섞는다.

4 ③에 밥을 넣어 볶다가 숙주를 넣고 센 불에서 잠깐 더 볶는다.

5 그릇에 나시고렝을 담고 기호에 따라 고수를 얹는다.

1

2

3

4

tip 삼발 소스가 있으면 칠리 페이스트 대신 넣으세요. 삼발 소스는 인도네시아, 말레이시아, 싱가포르 등에서 즐겨 먹는 소스로 매콤하면서 깔끔해 나시고렝과 잘 어울려요.

새우볶음밥

새우살과 방울양배추, 스크램블드에그의 궁합이 환상적이에요.
고소하고 부드러우면서 씹는 맛도 살아있어요.

재료_2인분

밥 2공기
칵테일새우 1/2컵
방울양배추 5개
양파 1/2개
소금·후춧가루 조금씩
올리브유 2큰술

밥 양념

간장 1큰술
참기름·통깨 1/2작은술씩

스크램블드에그

달걀 2개
청주 1큰술
소금 조금

만들기

1 양파는 다지고, 방울양배추는 반 자른다. 칵테일새우는 물에 헹궈 물기를 뺀다.

2 따뜻한 밥에 참기름을 넣어 비빈 뒤 간장과 통깨를 넣고 잘 섞는다.

3 달걀을 곱게 풀어 소금과 청주를 섞는다. 기름 두른 팬에 천천히 부으면서 젓가락으로 휘저어 스크램블드에그를 만든다.

4 달군 팬에 올리브유를 두르고 양파를 볶다가 새우와 방울양배추를 넣고 소금, 후춧가루로 간해 볶는다.

5 ④에 스크램블드에그를 넣어 섞은 뒤, 비벼놓은 밥을 넣고 센 불에서 재빨리 볶는다.

tip 방울양배추는 모양이 예쁘고 부드러워서 아이들이 먹기 좋아요. 볶음, 카레, 피클 등 쓰임새도 많지요. 마트에서 쉽게 살 수 있어요.

쇠고기청경채볶음밥

쇠고기와 청경채를 넣고 굴 소스로 맛을 낸 중국식 볶음밥이에요.
다양한 채소가 들어가 영양 균형도 좋아요.

재료_2인분

밥 2공기
쇠고기 200g
청경채 100g
당근 1/4개
애호박 1/3개
피망 1/2개
양파 1/2개
느타리버섯 20g
다진 마늘 1큰술
식용유 적당량

쇠고기 밑간

참기름 1/2작은술
소금·후춧가루 조금씩

볶음 양념

굴 소스 1큰술
청주 1큰술
소금·후춧가루 조금씩

만들기

1 쇠고기는 다져 참기름, 소금, 후춧가루로 밑간하고, 볶음 양념 재료는 잘 섞어둔다.

2 청경채는 다듬어 씻어 반 자르고, 당근과 애호박, 피망, 양파는 굵게 다진다. 느타리버섯은 먹기 좋게 찢는다.

3 팬에 기름을 두르고 다진 마늘과 쇠고기를 먼저 볶는다. 쇠고기가 어느 정도 익으면 다진 채소와 청경채, 느타리버섯을 넣고 센 불에서 재빨리 볶는다.

4 ③에 볶음 양념을 넣어 볶은 뒤 밥을 넣고 섞어 볶는다.

tip 청경채는 쉽게 무르기 때문에 되도록 남기지 말고 다 먹는 것이 좋아요. 만일 남았다면 씻지 말고 비닐봉지에 넣어 냉장고 신선실에 보관하세요.

치킨부리토

토마토소스에 볶은 밥과 닭고기, 모차렐라 치즈를 토르티야로 말았어요. 간편하고 든든해서 도시락으로도 좋아요.

재료_2인분

토르티야 지름 20cm 2장
밥 1/2공기
닭가슴살 100g
양상추 2장
파프리카 1/3개
양파 1/4개
토마토소스 3큰술
모차렐라 치즈 30g
식용유 적당량

닭고기 밑간

소금·후춧가루 조금씩

만들기

1 양상추는 채 썰고, 파프리카와 양파는 다진다.

2 닭가슴살은 저며서 소금과 후춧가루로 밑간한다.

3 팬에 기름을 두르고 닭가슴살을 올려 중불에서 굽는다.

4 팬에 기름을 두르고 다진 파프리카와 양파를 넣어 볶다가 밥과 토마토소스를 넣고 섞어가며 볶는다.

5 토르티야에 양상추와 볶은 밥, 구운 닭가슴살, 모차렐라 치즈를 올리고 둥글게 감싸 만다.

6 ⑤의 부리토를 마른 팬에 올려 치즈가 녹을 때까지 굽는다.

1

2

3

5

tip 토르티야를 냉장고에서 꺼내어 바로 쓰면 감쌀 때 갈라지니까 미리 꺼내두세요. 급히 써야 할 경우에는 전자레인지에 30초 정도 데워서 부드럽게 만들어 쓰세요.

해물토마토리소토

외식 메뉴로 인기 있는 이탈리아 밥요리예요.
그라나 파다노 치즈의 진한 향이 이국적이에요.

재료_2인분

쌀 1컵
오징어 1/2마리
중하 6마리
양파 1/2개
마늘 3쪽
토마토소스 1컵
토마토 페이스트 1큰술
그라나 파다노 치즈 10g
이탈리안 파슬리 조금
소금·후춧가루 조금씩
올리브유 3큰술

홍합국물

홍합 10개
마늘 3쪽
물 4컵

만들기

1 쌀을 깨끗이 씻어 물에 담가 30분간 불린 뒤 체에 받쳐 물기를 뺀다.

2 마늘은 저미고, 양파와 이탈리안 파슬리는 다진다. 홍합과 새우는 깨끗이 씻고, 오징어는 씻어 5cm 길이로 썬다.

3 냄비에 홍합과 마늘을 넣고 물을 부어 끓인다. 홍합이 벌어지면 건져서 살만 바르고, 국물은 따로 둔다.

4 달군 팬에 올리브유를 두르고 마늘과 양파를 볶다가 불린 쌀을 넣어 3분간 볶은 뒤, 홍합국물을 조금씩 나눠 넣으며 볶는다.

5 쌀이 익으면 토마토소스와 토마토 페이스트를 넣어 끓이다가 해물을 넣고 소금, 후춧가루로 간한다.

6 그릇에 리소토를 담고 그라나 파다노 치즈와 이탈리안 파슬리를 뿌린다.

tip 리소토는 죽보다 쌀알이 씹히는 느낌이 있어요. 쌀을 볶을 때 쌀 가운데에 심이 반 정도 남아있을 만큼만 볶고, 어느 정도 뜸을 들여야 제맛이 나요.

구운 버섯 크림리소토

부드럽고 고소한 맛이 매력적인 리소토예요.
다양한 버섯을 듬뿍 넣어 풍미가 좋아요.

재료_2인분

쌀 1컵
느타리버섯 20g
양송이버섯 2개
표고버섯 2개
샬롯 4개(또는 양파 1/2개)
마늘 4쪽
생크림 1/2컵
우유 1/3컵
다진 이탈리안 파슬리 조금
소금·후춧가루 조금씩
올리브유 조금

닭국물

닭가슴살 200g
생강 1쪽
월계수 잎 1장
통후추 조금
물 4컵

만들기

1 끓는 물에 닭가슴살, 생강, 월계수 잎, 통후추를 넣어 끓인다. 고기가 익고 국물이 우러나면 닭고기를 건져내고 국물은 따로 둔다.

2 삶은 닭고기를 결대로 찢어 소금, 후춧가루로 밑간한다.

3 느타리버섯은 가닥가닥 찢고, 양송이버섯과 표고버섯은 모양을 살려 썬다. 샬롯은 4등분하고, 마늘은 저민다.

4 달군 팬에 올리브유를 두르고 버섯을 소금, 후춧가루로 간해 볶는다.

5 달군 팬에 올리브유를 두르고 마늘과 샬롯을 볶는다. 노릇해지면 불린 쌀을 넣고 닭국물을 조금씩 나눠 넣으며 볶는다.

6 쌀이 익으면 생크림, 우유를 넣고 끓이다가 닭고기와 구운 버섯을 넣고 소금, 후춧가루로 간한다.

7 그릇에 리소토를 담고 이탈리안 파슬리를 뿌린다.

2

3

4

5

tip 샬롯은 양파를 1/4 크기로 축소해놓은 모양이에요. 양파와 닮았지만 양파보다 달콤하고 부드러운 향미가 있어요. 마늘의 알싸한 맛도 나서 둘을 합쳐 놓은 것 같은 독특한 맛이랍니다. 마트에서 살 수 있어요.

깍두기볶음밥

신 깍두기로 만든 깍두기볶음밥은 김치볶음밥과 또 다른 맛이에요.
소박하면서도 숟가락을 멈출 수 없는 매력이 있어요.

재료_2인분

밥 2공기
깍두기 1컵
깍두기 국물 1/2컵
다진 쇠고기 100g
대파 1/2대
설탕 1/2큰술
참기름·통깨 1큰술씩
식용유 적당량

쇠고기 밑간

소금·후춧가루 조금씩

만들기

1 깍두기는 작게 깍둑썰기 하고, 쇠고기는 같은 크기로 깍둑썰기 해서 소금, 후춧가루로 밑간한다.

2 달군 팬에 식용유를 두르고 대파를 넣어 향이 날 때까지 볶는다.

3 ②에 깍두기와 쇠고기를 넣어 볶는다.

4 ③에 깍두기 국물과 설탕을 넣고 약한 불에서 조리다가 밥을 넣고 잘 섞어가며 볶는다.

5 참기름, 통깨를 넣어 맛을 더한다.

tip 새콤하게 익은 깍두기로 만들어야 맛있어요. 쇠고기 대신 돼지고기를 써도 되고 햄을 넣어도 좋아요.

부추달걀볶음밥

달걀을 따로 볶아 섞지 않고 밥알에 입혀서 볶아 색다른 맛이 나요. 달걀의 단백질과 부추의 비타민이 조화를 이루는 영양밥이에요.

재료_2인분

밥 2공기
부추 1/2줌
달걀 2개
다진 파 1큰술
소금 1작은술
후춧가루 조금
참기름·깨소금 조금씩
식용유 3큰술

만들기

1 달걀을 깨뜨려 노른자만 걸러둔다.

2 부추는 송송 썬다.

3 따뜻한 밥에 달걀노른자를 넣고 비벼 밥알을 코팅한다.

4 달군 팬에 식용유를 두르고 다진 파를 볶다가 ③의 밥을 넣고 센 불에 볶는다. 송송 썬 부추를 넣고 센 불에 다시 한번 볶는다.

5 소금, 후춧가루로 간하고 참기름과 깨소금을 뿌린다.

tip 밥에 달걀노른자를 섞을 때 갓 지은 따뜻한 밥으로 해야 골고루 잘 섞여서 맛있어요.

채소볶음밥

냉장고에 있는 재료로 후다닥 만드는 스피드 볶음밥이에요.
장을 보지 않아도 맛있는 한 끼를 준비할 수 있어요.

재료_2인분

밥 2공기
당근 1/4개
애호박 1/3개
양파 1/4개
대파 1/2대
굴 소스 2큰술
소금·후춧가루 조금씩
식용유 적당량

스크램블드에그

달걀 2개
청주 1큰술
소금 조금

만들기

1 당근, 애호박, 양파, 대파는 굵게 다진다.

2 달걀은 청주와 소금을 넣고 잘 푼 뒤, 기름 두른 팬에 젓가락으로 휘저어가며 볶아 스크램블드에그를 만든다.

3 팬에 기름을 두르고 대파, 당근, 애호박, 양파 순으로 넣어 소금과 후춧가루로 간해 볶는다.

4 ③에 밥을 넣어 볶다가 스크램블드에그와 굴 소스를 넣고 빠르게 볶는다.

tip 채소볶음밥을 동글납작하게 빚은 뒤, 달걀물을 입혀서 동그랑땡처럼 지져도 맛있어요.

게맛살볶음밥

스크램블드에그를 넣고 볶아 한결 부드러운 중국식 볶음밥이에요.
청양고추를 넣어 매콤한 맛을 더했어요.

재료_2인분

밥 2공기
게맛살(크래미) 4줄
양파 1/2개
청양고추 1개
대파 1/2대
소금·후춧가루 조금씩
식용유 2큰술

스크램블드에그

달걀 2개
청주 1큰술
소금 조금

만들기

1 게맛살은 잘게 찢고, 양파와 청양고추는 잘게 다지고, 대파는 송송 썬다.

2 달걀은 곱게 풀어 소금, 후춧가루로 간한 뒤, 기름 두른 팬에 젓가락으로 휘저어가며 볶아 스크램블드에그를 만든다.

3 달군 팬에 기름을 두르고 대파, 양파, 청양고추, 게맛살 순으로 넣어 볶는다.

4 ③에 밥을 넣어 볶다가 스크램블드에그를 넣고 섞는다. 마지막에 소금, 후춧가루로 간을 맞춘다.

1

3

4

tip 식용유 대신 파기름으로 볶으면 풍미가 한결 좋아요. 대파 2대를 잘게 썰어 식용유 1컵에 넣고 약한 불에서 파가 갈색이 날 때까지 볶으면 파기름이 만들어져요.

BIBIMBAP

PART 3

비빔밥

나물비빔밥

여러 가지 나물을 넣고 고추장으로 비벼 먹는 담백한 비빔밥이에요.
쇠고기볶음이 들어가 영양도 풍부해요.

재료_2인분

밥 2공기
쇠고기 100g
고사리 100g
방풍나물 50g
비름나물 50g
콩나물 50g
당근 30g
표고버섯 2개
참기름·통깨 조금씩
소금 조금
식용유 적당량

쇠고기 양념

간장 1큰술
설탕 1작은술
다진 파 1작은술
다진 마늘 1작은술
후춧가루 조금

양념장

고추장 3큰술
배즙 2큰술
참기름 1큰술
통깨 조금

만들기

1 쇠고기는 나무젓가락 굵기로 채 썰어 쇠고기 양념에 재둔다.

2 고사리는 물에 충분히 담가두었다가 5cm 길이로 썰고, 도라지도 껍질을 벗기고 가늘게 쪼개 5cm 길이로 썬다. 당근과 표고버섯도 가늘게 채 썬다.

3 콩나물, 비름나물, 방풍나물은 각각 손질해서 끓는 물에 데친 뒤, 소금과 참기름에 무친다.

4 달군 팬에 기름을 두르고 ②의 채소와 나물을 각각 소금, 참기름으로 간해 볶는다. 마지막에 양념한 쇠고기도 볶는다.

5 따뜻한 밥 위에 볶거나 무친 나물들과 쇠고기를 둘러 담고 통깨를 뿌린다. 양념장을 만들어 곁들인다.

1

2

3

4

tip 고추장양념장 대신 간장양념장에 비벼도 맛있어요. 간장양념장은 간장 2큰술, 청주·설탕·참기름 1작은술씩, 깨소금 1/2작은술을 섞어 만드세요.

갈빗살채소비빔밥

부드러운 갈비구이를 곁들여 먹는 비빔밥이에요.
갈비구이와 매콤한 양파, 향긋한 셀러리가 잘 어울려요.

재료_2인분

밥 2공기
소 갈빗살 200g
어린잎채소 20g
양파 1/2개
셀러리 1/2개
달걀 1개

갈빗살 양념

간장 1큰술
설탕 1/2큰술
다진 마늘 1큰술
참기름·후춧가루 조금씩

양념장

간장 2큰술
청주 1작은술
설탕 1작은술
다진 청양고추 1작은술
참기름·통깨 조금씩

만들기

1 갈빗살을 먹기 좋은 크기로 썬 뒤 양념에 버무려 30분 정도 재둔다.

2 어린잎채소는 흐르는 물에 씻어 건지고, 양파는 가늘게 채 썬다. 셀러리도 섬유질을 벗겨내고 가늘게 채 썬다.

3 양념장 재료를 잘 섞는다.

4 달걀을 곱게 풀어 기름 두른 팬에 지단을 부친다. 식으면 가늘게 채 썬다.

5 달군 그릴 팬에 양념한 갈빗살을 올려 굽는다.

6 그릇에 밥을 담고 준비한 채소와 지단을 돌려 담은 뒤 구운 갈빗살을 올린다. 양념장을 함께 낸다.

1

2

3

5

tip 양파의 매운맛을 빼려면 채 썬 양파를 찬물에 10분 정도 담가두세요. 셀러리는 겉에 있는 섬유질을 벗겨내야 질기지 않아요.

열무강된장비빔밥

따뜻한 밥에 잘 익은 열무김치를 넣고 강된장으로 비벼 먹는 비빔밥이에요. 열무의 시원한 맛이 좋은 여름철 별미랍니다.

재료_2인분

밥 2공기
열무김치 1컵
들기름 조금

강된장

감자 1/2개
애호박 1/4개
양파 1/4개
두부 1/4모
표고버섯 1/2개
청양고추 1/2개
대파 5cm
된장 2큰술
고추장 1/2큰술
고춧가루 1/2큰술
다진 마늘 1/2큰술
멸치 7마리
다시마 10×10cm 1장
물 1컵

만들기

1 열무김치는 잘 익은 것으로 준비해 물기를 꼭 짜둔다.

2 감자, 애호박, 양파, 두부, 표고버섯은 사방 0.5cm 크기로 깍둑썰기 하고, 청양고추와 대파는 굵게 다진다.

3 물 1컵에 멸치와 다시마를 넣고 끓여 국물을 낸 뒤 건더기는 건져낸다.

4 멸치국물에 된장과 고추장을 풀고, 고춧가루와 다진 마늘을 넣어 끓인다.

5 된장이 끓기 시작하면 썰어둔 감자, 애호박, 양파, 두부, 표고버섯을 넣고 끓인다. 보글보글 끓으면 청양고추와 대파를 넣는다.

6 따뜻한 밥에 열무김치를 올리고 들기름을 뿌린다. 강된장을 곁들인다.

1

2

4

5

tip 열무비빔밥은 보리밥이 잘 어울려요. 강된장은 밀폐용기에 담아 냉장고에 넣어두면 이틀 정도 먹을 수 있어요.

견과류새싹비빔밥

연한 새싹채소를 넣고 견과류양념장에 비벼 고소해요.
맛은 물론 영양 면에서도 훌륭하답니다.

재료_2인분

밥 2공기
새싹채소 100g
어린잎채소 20g
표고버섯 2개
쇠고기 100g
들기름 조금
식용유 조금

쇠고기·표고버섯 양념

간장 1큰술
설탕 1작은술
다진 마늘 1작은술
참기름·깨소금 조금씩

견과류양념장

견과류 1줌
된장 2큰술
고추장 1작은술
마요네즈 1큰술
다진 마늘 1작은술
매실청 1큰술
다진 마늘 1작은술
들기름·깨소금 조금씩

만들기

1 새싹채소와 어린잎채소는 흐르는 물에 씻어 찬물에 담가두었다가 건져 물기를 뺀다.

2 쇠고기는 잘게 다지고 표고버섯은 모양대로 썰어 쇠고기·표고버섯 양념에 재둔다.

3 팬을 기름 없이 뜨겁게 달군 뒤 견과류를 넣고 재빨리 볶아 굵게 다진다.

4 견과류를 뺀 나머지 양념장 재료를 골고루 섞어 볶아둔 견과류와 섞는다.

5 달군 팬에 기름을 두르고 ②의 쇠고기와 표고버섯을 볶는다.

6 그릇에 밥을 담고 새싹채소와 어린잎채소를 올린 뒤 쇠고기버섯볶음을 얹는다. 들기름을 살짝 뿌리고 견과류양념장을 곁들인다.

1

2

3

4

tip 견과류는 산패되기 쉬우니 밀폐용기나 진공 팩에 담아 냉동실에 넣어두고 조금씩 꺼내 먹는 것이 좋아요.

전주비빔밥

호박, 당근, 콩나물 등 색색의 채소를 넣고 비벼 먹는 기본 비빔밥이에요. 쇠고기를 넣고 볶은 약고추장에 비벼 맛이 풍부해요.

재료_2인분

밥 2공기
채 썬 쇠고기(잡채용) 200g
콩나물 100g
애호박·당근 1/4개씩
표고버섯 2개
달걀 2개
참기름 조금
소금 조금
식용유 적당량

쇠고기 양념

간장 1큰술
설탕 1작은술
다진 마늘 1큰술
참기름·깨소금 조금씩

약고추장

다진 쇠고기 50g
고추장 5큰술
청주 1큰술
꿀 1큰술
다진 마늘 1/2작은술
참기름 1작은술

만들기

1 애호박, 당근, 버섯은 채 썰고, 콩나물은 끓는 물에 데친다.

2 채 썬 쇠고기를 양념에 재두었다가 달군 팬에 재빨리 볶는다.

3 달군 팬에 기름을 두르고 다진 쇠고기, 다진 마늘, 청주를 넣어 볶다가 쇠고기가 익으면 고추장, 꿀, 참기름을 넣고 약한 불에서 볶아 약고추장을 만든다.

4 달군 팬에 기름을 두르고 애호박, 당근, 버섯을 각각 참기름과 소금으로 간해 볶는다. 콩나물도 참기름과 소금으로 간해 무친다.

5 달군 팬에 기름을 조금 두르고 달걀을 깨뜨려 넣어 반숙으로 익힌다.

6 그릇에 따뜻한 밥을 담고 그 위에 볶은 재료들을 둘러 담은 뒤 약고추장을 올린다. 맨 위에 달걀프라이를 얹고 참기름을 조금 뿌린다.

1

2

3

5

tip 약고추장은 넉넉히 만들어 다양하게 활용하세요. 약고추장으로 떡볶이를 만들어도 아주 맛있답니다.

해초비빔밥

해초를 넉넉히 넣고 초고추장으로 비벼 바다 향이 느껴져요.
해초는 칼로리가 거의 없고 식이섬유가 풍부해 다이어트에 좋아요.

재료_2인분

밥 2공기
모둠해초 200g
오징어 몸통 1/4마리분
무순 10g
래디시 1개
레몬 슬라이스 2쪽
통깨 조금

초고추장

고추장 2큰술
식초 2큰술
매실청 1큰술
물엿 1큰술
레몬즙 조금
생강즙 조금

만들기

1 해초는 바락바락 주물러 씻은 뒤 물에 여러 번 헹궈 물기를 뺀다.

2 오징어는 껍질을 벗기고 격자로 칼집을 넣은 뒤 5cm 길이로 가늘게 썬다. 래디시는 얇게 저미고, 무순은 물에 씻어 물기를 뺀다.

3 끓는 물에 레몬 슬라이스를 넣고 해초와 오징어를 각각 살짝 데쳐 찬물에 헹군다.

4 초고추장 재료를 잘 섞는다.

5 따뜻한 밥에 해초와 오징어, 무순, 래디시를 올리고 초고추장을 얹은 뒤 통깨를 뿌린다.

1

2

3

4

tip 오징어와 해초를 데칠 때 레몬을 넣으면 오징어의 육질이 탱탱해지고 해초도 씹는 맛이 좋아져요. 비린내가 없어지고 레몬 향도 은은하게 밴답니다.

삼겹살콩나물비빔밥

따뜻한 밥에 삼겹살구이와 콩나물을 넣고 달래양념장을 곁들였어요.
콩나물과 삼겹살을 따로 조리해 재료의 제 맛을 살렸어요.

재료_2인분

밥 2공기
삼겹살 350g
콩나물 400g
다진 청양고추 1큰술
다진 파 1큰술
다진 마늘 1큰술
소금 조금

삼겹살 밑간

소금·후춧가루 조금씩

달래양념장

달래 1/2줌
간장 2큰술
고춧가루 1/2큰술
청주 1작은술
참기름 1큰술
깨소금 조금

만들기

1 삼겹살은 먹기 좋은 크기로 썰어 소금, 후춧가루를 뿌려둔다.

2 팬을 충분히 달군 뒤 삼겹살과 다진 마늘을 넣어 굽는다.

3 삼겹살이 익으면 약한 불로 줄이고 다진 파와 다진 청양고추를 넣어 다시 한번 굽는다.

4 찜통에 콩나물을 넣고 소금을 뿌려 7분 정도 찐다.

5 달래를 잘게 다져서 나머지 재료와 섞어 달래양념장을 만든다.

6 따뜻한 밥에 찐 콩나물과 구운 삼겹살을 올린다. 달래양념장을 곁들인다.

tip 콩나물을 찔 때는 중간에 뚜껑을 열지 마세요. 뚜껑을 열면 비린내가 날 수 있어요. 찌는 대신 끓는 물에 데쳐도 돼요.

두부달래간장비빔밥

두부를 으깨어 넣고 비벼 부드럽고 고소해요.
몸에 좋은 콩 단백질과 비타민을 섭취할 수 있어요.

재료_2인분

밥 2공기
두부 1/2모
무순 조금

두부 양념

소금 1/2작은술
참기름 1/2큰술
깨소금 1큰술

달래양념장

달래 1/2줌
간장 2큰술
고춧가루 1/2큰술
청주 1작은술
참기름 1작은술
깨소금 1작은술

만들기

1 두부는 곱게 으깨어 물기를 꼭 짠 뒤 소금, 참기름, 깨소금으로 양념한다.

2 달래는 다듬어 씻어 잘게 썬다.

3 잘게 썬 달래와 나머지 재료를 섞어 달래양념장을 만든다.

4 따뜻한 밥에 양념한 두부와 무순을 얹어 달래양념장을 곁들인다.

tip 달래는 씻지 않은 채 물을 뿌려 젖은 신문지에 싸서 냉장실에 보관하는 것이 좋아요.
씻어놓은 달래가 남았다면 물기를 빼고 지퍼백이나 밀폐용기에 담아 냉장실에 두세요.

무생채비빔밥

매콤 새콤한 무생채와 상추를 넣고 비벼 아삭하고 깔끔해요.
현미밥이나 보리밥이 잘 어울려요.

재료_2인분

밥 2공기
무 5cm(400g)
오이 1/2개
상추 4장
들기름 조금
소금 적당량

무채 양념

고운 고춧가루 1큰술
설탕 1작은술
식초 1/2큰술
액젓 1큰술
다진 마늘 조금
깨소금 조금

양념장

고추장 1큰술
매실청 1큰술
참기름 조금
통깨 조금

만들기

1 무는 곱게 채 썰어 소금에 절여둔다.

2 오이는 길게 반 갈라 어슷하게 썰고, 상추는 먹기 좋게 썬다.

3 소금에 절인 무는 물기를 꼭 짠 뒤, 무채 양념을 넣고 조물조물 무친다.

4 양념장 재료를 잘 섞는다.

5 그릇에 따뜻한 밥을 담고 상추와 오이를 올린 뒤 무생채를 얹는다. 들기름을 뿌리고 양념장을 곁들인다.

1

2

3

tip 무에 설탕과 소금을 2 : 1 비율로 넣어 절여도 좋아요. 무채를 양념할 때 고춧가루를 먼저 넣고 버무려 물을 들이면 붉은색이 선명해서 더 먹음직스러워요.

명란비빔밥

짭짤하면서 감칠맛 나는 명란젓이 입맛 돋우는 비빔밥이에요.
마요네즈와 참기름으로 양념해 고소해요.

재료_2인분

밥 2공기
명란젓 1개
미나리 100g
새싹채소 1줌
어린잎채소 1/2줌
오이 1/2개
래디시 1개

명란젓 양념

마요네즈 1큰술
참기름 1큰술
깨소금 1작은술

만들기

1 명란젓은 알만 긁어내어 마요네즈, 참기름, 깨소금을 넣고 잘 섞는다.

2 오이는 5cm 길이로 채 썰고, 래디시도 가늘게 채 썬다.

3 미나리는 흐르는 물에 씻어 5cm 길이로 썰고, 새싹채소와 어린잎채소는 흐르는 물에 담가두었다가 건져 물기를 뺀다.

4 그릇에 따뜻한 밥을 담고 미나리, 오이, 래디시, 새싹채소를 가지런히 올린 뒤 양념한 명란젓을 얹는다.

tip 명란젓의 양은 기호에 따라 조절하면 되지만, 너무 많이 넣으면 짤 수 있으니 주의하세요. 아보카도를 함께 넣어 먹어도 환상이에요.

봄나물비빔밥

참나물, 돌나물 등 향긋한 봄나물을 듬뿍 담은 한 그릇이에요.
식탁 가득 봄을 느껴보세요.

재료_2인분

백미·현미 1/2컵씩
참나물 50g
돌나물 50g
김 2장

달래양념장

달래 1/2줌
간장 2큰술
청주 1작은술
참기름 1작은술
깨소금 1작은술

만들기

1 백미와 현미를 섞어 20분간 물에 담가 불린 뒤 밥을 짓는다.

2 참나물과 돌나물은 깨끗이 다듬어 씻어 물기를 뺀다. 참나물은 5cm 길이로 썰어놓는다.

3 김은 가위로 가늘게 자른다.

4 달래를 다듬어 씻어 잘게 썬 뒤 나머지 재료와 섞어 달래양념장을 만든다.

5 그릇에 따뜻한 밥을 담고 참나물, 돌나물을 올린 뒤 김채를 얹는다. 달래양념장을 곁들인다.

2

3

4

tip 담백한 달래양념장 대신 새콤달콤한 초고추장에 비벼 먹어도 맛있어요. 계절마다 제철 나물로 다양한 비빔밥을 즐겨보세요.

멍게비빔밥

싱싱한 멍게가 들어가 청량한 바다의 향기가 입 안 가득 퍼져요.
입맛 없는 여름철에 준비해보세요.

재료_2인분

밥 2공기
멍게 4개
상추 5장
깻잎 5장
어린잎채소 1/2줌
참기름 조금

초고추장

고추장 2큰술
매실청 1큰술
물엿 1큰술
식초 1/2큰술
통깨 1/2큰술

만들기

1 멍게는 돌기를 잘라내고 살을 발라내어 먹기 좋은 크기로 서너 번 썬다.

2 상추와 깻잎은 흐르는 물에 씻어 물기를 털고 채 썬다. 어린잎채소도 씻어서 물기를 뺀다.

3 초고추장 재료를 잘 섞는다.

4 따뜻한 밥에 상추와 깻잎, 어린잎채소를 얹고 멍게를 올린 뒤 참기름을 떨어뜨린다. 초고추장을 곁들인다.

tip 멍게를 소금을 살짝 뿌려 절인 뒤 1회분씩 나눠서 냉동 보관해두면 언제든지 멍게비빔밥을 만들어 먹을 수 있어요.

오이지비빔밥

장아찌 하나로 간단하게 만들 수 있는 아이디어 비빔밥이에요.
개운한 맛이 잃어버린 입맛을 찾아줘요.

재료_2인분

현미밥 2공기
오이지 1개
청포묵 1/2개
빨강 파프리카 1/2개
노랑 파프리카 1/2개
치커리 10g
양파 1/3개
들기름 조금
깨소금 조금

오이지 양념
들기름 1작은술
깨소금 1/2작은술

약고추장
다진 쇠고기 30g
고추장 2큰술
청주 1큰술
물 1큰술
설탕 1큰술
다진 마늘 1작은술
깨소금 조금
후춧가루 조금

만들기

1 오이지는 물에 담가 짠맛을 빼고 물기를 꼭 짠 뒤, 잘게 다져서 들기름과 깨소금에 무친다.

2 파프리카는 길게 채 썰고, 양파도 채 썰어 찬물에 10분간 담가 매운맛을 뺀다. 치커리도 먹기 좋게 자른다.

3 청포묵은 채 썰어 소금물에 살짝 데친다.

4 팬에 약고추장 재료를 넣고 볶는다.

5 따뜻한 밥 위에 채소와 청포묵을 올리고 오이지를 얹는다. 약고추장을 곁들인다.

tip 오이지를 새콤달콤하게 무쳐서 비빔밥을 만들어도 좋아요. 오이지무침은 오이지 2개에 고춧가루·다진 파 1큰술씩, 설탕·참기름 1/2큰술씩, 다진 마늘·깨소금 1작은술씩 넣어 무치면 돼요.

RICE BITES

PART 4

한입 밥

우엉주먹밥

우엉과 파프리카를 다져 넣어 아작아작 씹는 맛이 좋아요.
유부초밥으로 만들어도 좋아요.

재료_2인분

밥 2공기
우엉 50g
빨강·노랑 파프리카 1/3개씩
굴 소스 1작은술
들기름·깨소금 조금씩

우엉조림 양념

다시마국물 80mL
간장 3큰술
청주 1큰술
설탕 2작은술
올리고당 1작은술

식촛물

식초 2큰술
물 3컵

다시마국물

다시마 10×10cm 1장
물 1컵

만들기

1 우엉은 껍질을 벗기고 잘게 썰어 식촛물에 담가놓고, 파프리카는 씨를 잘라내고 다진다.

2 물 1컵에 다시마를 넣고 끓여 다시마국물을 만든다.

3 끓는 물에 우엉을 살짝 데쳐 부드럽게 한다.

4 냄비에 우엉조림 양념을 모두 넣고 끓이다가 데친 우엉을 넣어 끓인다. 한 번 끓으면 약한 불로 줄여 국물이 자작해지도록 조린다.

5 달군 팬에 들기름을 두르고 밥을 넣어 볶다가 다진 파프리카, 우엉조림, 굴 소스, 깨소금을 넣고 골고루 섞는다.

6 불을 끄고 우엉볶음밥을 한 김 식힌 뒤, 먹기 좋은 크기로 동그랗게 뭉친다.

tip 우엉은 껍질을 벗기면 갈색으로 변하는데, 식촛물에 담가두면 이런 현상을 막을 수 있어요. 껍질에 영양이 많기 때문에 깎기보다 칼등으로 긁어내면 영양 손실을 줄일 수 있어요.

매운 잔멸치호두주먹밥

잔멸치를 고추장에 볶아 매콤하게 만든 주먹밥이에요.
영양 많은 호두가 들어가 성장기 어린이에게 아주 좋아요.

재료_2인분

밥 2공기
잔멸치 60g
호두 5개
실파 1뿌리
김 2장
식용유 조금

멸치볶음 양념

고추장 2큰술
청주 1큰술
설탕 1큰술
참기름 조금
통깨 조금
후춧가루 조금

만들기

1 잔멸치는 체에 쳐서 가루를 턴다.

2 호두는 마른 팬에 재빨리 볶은 뒤, 비벼가며 껍질을 벗겨 다진다.

3 실파는 송송 썰고, 김은 가늘게 자른다.

4 팬에 기름을 두르고 잔멸치, 호두, 실파, 멸치볶음 양념을 넣어 볶는다.

5 밥에 볶은 잔멸치와 호두를 넣고 고루 섞는다.

6 ⑤의 밥을 먹기 좋은 크기로 뭉친 뒤 김채에 굴려 꼭꼭 누른다.

1

2

4

6

tip 멸치의 비린 맛을 없애기 위해 청주를 넣는데, 청주 대신 식초를 1큰술 넣어도 괜찮아요. 멸치를 마른 팬에 볶아도 비린내가 날아가요.

채소컵밥

재료를 따로따로 볶아 층층이 담은 컵 비빔밥이에요.
모양이 예뻐서 더 입맛 당겨요.

재료_2인분

밥 2공기
다진 쇠고기 50g
표고버섯 2개
파프리카 1/3개
당근 30g
깨소금 조금
올리브유 조금

쇠고기·표고버섯 밑간

다진 마늘 1큰술
청주 1큰술
소금·후춧가루 조금씩

양념장

고추장 2큰술
올리고당 1큰술
청주 1작은술
참기름 조금
깨소금 조금

만들기

1 파프리카, 당근, 표고버섯은 잘게 다지고, 쇠고기는 다진 것으로 준비한다.

2 쇠고기와 표고버섯을 각각 다진 마늘, 청주, 소금, 후춧가루로 밑간해 재둔다.

3 달군 팬에 올리브유를 두르고 밑간한 쇠고기와 버섯을 포슬포슬하게 볶는다.

4 달군 팬에 파프리카와 당근을 각각 소금으로 간해 볶는다.

5 컵에 밥을 담고 볶은 쇠고기와 버섯, 채소를 켜켜이 얹는다.

6 맨 위에 양념장을 올리고 깨소금을 뿌린다.

tip 매운맛을 싫어하거나 좀 더 부드러운 맛을 원한다면 양념장에 마요네즈를 넣어보세요. 매콤하면서도 고소한 맛이 입맛을 당겨요.

마약김밥

마약처럼 한 번 맛보면 또 찾게 된다고 해서 이름 붙인 꼬마김밥이에요. 매콤 새콤한 겨자 소스가 포인트예요.

재료_2인분

밥 2공기
당근 1/2개
단무지 3줄
시금치 150g
김 4장
참기름·통깨 조금씩
소금 조금

밥 양념

참기름 1큰술
깨소금 1큰술
소금 1큰술

겨자 소스

연겨자 1큰술
간장 1큰술
식초 1큰술
설탕 1/2작은술
물 1큰술

만들기

1 당근은 10cm 길이로 채 썰고, 단무지도 같은 길이로 썬다.

2 당근은 달군 팬에 소금으로 간해 볶고, 시금치는 끓는 물에 살짝 데쳐 소금, 참기름으로 무친다.

3 겨자 소스 재료를 잘 섞고, 김은 2등분해서 준비한다.

4 밥에 소금, 깨소금, 참기름을 넣어 고루 섞는다.

5 김 위에 밥을 반쯤 펼치고 당근, 단무지, 시금치를 올려 굵지 않게 돌돌 만다.

6 김밥에 참기름을 바르고 통깨를 뿌려 겨자 소스와 함께 낸다.

1

2

3

5

tip 마약김밥은 매콤한 겨자 소스가 잘 어울려요. 입맛에 따라 겨자의 양을 조절하세요. 소스에 청양고추를 다져 넣어도 좋아요.

샐러드김밥

양배추와 사과를 넣어 아삭아삭 상큼한 김밥이에요.
신선한 맛에 기분까지 상쾌해져요.

재료_2인분

밥 1공기
김 2장
사과 1개
양배추 150g
양파 1/2개
게맛살 4줄
마요네즈 3큰술
고추냉이 1/2큰술

밥 양념

참기름·통깨 조금씩
소금 조금

만들기

1 양배추는 채칼로 썰고, 사과와 양파는 채 썬다. 게맛살은 찢는다.

2 채 썬 채소와 사과에 마요네즈, 와사비를 넣어 고루 섞는다.

3 고슬고슬 지은 밥에 소금, 참기름, 통깨를 넣어 고루 섞는다.

4 김발 위에 김을 올리고 양념한 밥을 고르게 펴서 잘 만다. 먹기 좋은 크기로 썬 뒤 ②의 샐러드를 올린다.

tip 샐러드를 김밥 속에 넣지 않고 위에 올리면 보기 좋아요. 도시락을 쌀 때는 간편하게 속에 넣고 마세요.

채소크로켓밥

채소를 다져 넣고 카레주먹밥을 만들어 튀긴 색다른 주먹밥이에요. 채소를 싫어하는 아이들도 맛있게 먹는답니다.

재료_2인분

밥 2공기
당근 30g
감자 1/3개
애호박 30g
햄 30g
카레가루 1큰술
소금 1작은술
후춧가루 조금
파슬리가루 조금
식용유 적당량
허니 머스터드 1큰술

튀김옷
달걀 1개
밀가루 1/2컵
빵가루 1/2컵

만들기

1 당근과 감자, 애호박, 햄을 잘게 썬다.

2 달군 팬에 기름을 두르고 다진 채소와 햄을 볶는다.

3 볶은 채소에 밥을 넣고 고루 섞은 뒤 카레가루, 소금, 후춧가루를 넣고 잘 섞어가며 볶는다.

4 ③의 카레밥을 한입 크기로 동그랗게 뭉친 뒤, 밀가루, 달걀, 빵가루 순으로 튀김옷을 입혀 끓는 기름에 노릇하게 튀긴다.

5 채소크로켓밥에 파슬리가루를 뿌리고 허니 머스터드를 곁들인다.

1

2

3

5

tip 채소카레밥에 모차렐라 치즈를 넣고 뭉쳐서 튀기면 더 고소할 뿐 아니라 쫀득하게 늘어나는 치즈 맛에 아이들이 재미있어 해요.

양배추쌈밥

고소한 된장마요네즈 소스가 입맛 돋우는 퓨전 쌈밥이에요.
다이어트 도시락으로도 안성맞춤이에요.

재료_2인분

밥 1½공기
양배추 8장

된장마요네즈 소스

마요네즈 2큰술
된장 1큰술
청주 1큰술
설탕 1큰술
참기름 1/2작은술

만들기

1 양배추는 끓는 물에 데쳐서 찬물에 헹군 뒤 물기를 적당히 짠다.

2 된장마요네즈 소스 재료를 잘 섞는다.

3 밥을 한입 크기로 떼어 된장마요네즈 소스를 조금 넣고 꼭꼭 뭉쳐 동그랗게 빚는다.

4 데친 양배추를 펼쳐놓고 ③의 주먹밥을 올린 뒤 양배추로 돌돌 만다.

5 남은 소스를 쌈밥에 곁들인다.

tip 양배추 외에 깻잎, 머위, 곰취 등을 이용해 다양한 맛을 즐기세요. 된장마요네즈 소스에 견과류를 넣으면 고소한 맛이 좋아요.

묵은지주먹밥

김치와 잘 어울리는 통조림 참치를 넣고 돌돌 말았어요.
묵은지의 새콤한 맛이 입맛을 돋워요.

재료_2인분

밥 1공기
묵은지 1/2포기
참치 통조림(작은 것) 1개
깻잎 3장
양파 1/4개
참기름 조금
통깨 조금

밥 양념

참기름 1큰술
통깨 조금
소금 1/2작은술

참치 양념

다진 마늘 1작은술
고춧가루 1/2작은술
설탕 1작은술
통깨 1작은술

묵은지 양념

설탕 1/2큰술
들기름 1/2큰술

만들기

1 묵은지는 물에 씻어 물기를 꼭 짠 뒤 설탕, 들기름으로 양념한다.

2 참치 통조림은 기름을 빼고 다진 양파와 참치 양념을 넣어 섞는다.

3 밥에 소금, 참기름, 통깨를 넣어 고루 섞는다.

4 김발에 묵은지를 넓게 펴고 깻잎을 깐 뒤, 밥을 고르게 펴고 참치를 올려 잘 만다.

5 묵은지김밥에 참기름을 바르고 통깨를 뿌린 뒤 먹기 좋은 크기로 썬다.

1

2

3

4

tip 참치를 마요네즈에 버무려 넣어도 고소하고 맛있어요. 이때는 다른 양념을 넣지 않아도 돼요.

유부초밥

유부초밥은 누구나 좋아하는 메뉴죠.
파프리카와 부추, 지단으로 색을 살려 먹음직스러워요.

재료_2인분

밥 2공기
유부 10장
빨강 파프리카 20g
노랑 파프리카 20g
부추 20g
달걀 2개
후리카케 2큰술
참기름 조금

유부 조림장

간장 1큰술
청주 1큰술
설탕 1작은술
다시마국물 1/2컵

배합초

식초 2큰술
물 2큰술
설탕 2큰술
소금 1/2작은술
레몬 슬라이스 1쪽

만들기

1 파프리카와 부추를 잘게 다진다.

2 달걀을 풀어 지단을 부쳐서 잘게 다진다.

3 끓는 물에 유부를 잠깐 데쳐 건진다. 냄비에 조림장 재료를 넣어 끓이다가 데친 유부를 넣고 맛이 배게 조린다.

4 냄비에 배합초 재료를 넣고 끓이다가, 끓어오르면 불을 끄고 레몬을 꺼낸다.

5 밥에 다진 부추와 파프리카, 지단을 넣고 배합초, 후리카케, 참기름을 넣어 잘 섞는다.

6 조린 유부의 물기를 짠 뒤, 반 잘라 비벼놓은 밥을 넣고 꼭꼭 누른다.

1

3

5

tip 남은 유부는 1회분씩 나누어 비닐 랩으로 싸서 냉동 보관하세요. 냉장실에 둘 경우에는 5일을 넘기지 않는 것이 좋아요.

연어초밥

오메가3가 풍부한 연어로 맛있고 근사한 초밥을 만들었어요.
훈제연어로 손쉽게 만들 수 있어요.

재료_2인분

밥 1공기
훈제연어 140g
무순 20g
래디시 2개
케이퍼 1큰술
날치알 조금

연어 소스

마요네즈 1큰술
다진 양파 1큰술
고추냉이 1/2작은술
올리고당 1작은술
후춧가루 조금

배합초

식초 2큰술
물 2큰술
설탕 2큰술
소금 1/2작은술
레몬 슬라이스 1쪽

만들기

1 냄비에 배합초 재료를 모두 넣고 설탕이 녹을 정도로 살짝 끓인 뒤 레몬을 꺼낸다.

2 따뜻한 밥에 끓인 배합초를 넣고 살살 섞는다.

3 무순은 반 자르고, 래디시는 채 썰어 찬물에 담가둔다.

4 마요네즈와 다진 양파, 고추냉이, 올리고당, 후춧가루를 섞어 소스를 만든다.

5 밥을 한 줌 떼어 훈제연어에 올리고 김밥처럼 돌돌 만다.

6 연어초밥 위에 소스를 얹고 무순과 날치알, 케이퍼를 올린다.

1

2

3

5

tip 연어초밥에 채 썬 양파를 얹어 먹으면 맛있어요. 모양도 예뻐서 손님 초대 등 특별한 날에 선보여도 손색없어요.

연어마요컵밥

통조림 연어를 고소한 마요네즈로 양념해 밥 위에 올렸어요.
할라피뇨와 양파를 다져 넣어 느끼하지 않아요.

재료_2인분

밥 2공기
연어 통조림(작은 것) 1개
할라피뇨 8개
양파 1/4개
마요네즈 2큰술
올리고당 1작은술
김가루 1큰술

밥 양념

후리가케 2큰술
참기름 1큰술

만들기

1 할라피뇨는 꼭지를 떼고 다져 물기를 뺀다. 양파도 잘게 다진다.

2 연어 통조림은 체에 밭쳐 기름을 충분히 뺀다.

3 연어와 다진 할라피뇨, 양파를 한데 담고 마요네즈, 올리고당을 넣어 골고루 섞는다.

4 밥에 후리가케와 참기름을 넣어 잘 섞는다.

5 투명한 컵에 밥과 연어를 켜켜이 담고 김가루를 올린다.

1

2

3

5

tip 밥과 연어를 한데 섞어서 주먹밥을 만들어도 좋아요. 김가루는 주먹밥을 굴려 겉에 묻히세요.

PART 5

———

영양솥밥

콩나물솥밥

양념장에 쓱쓱 비벼 먹는 콩나물밥은 없던 입맛도 살려줘요.
고기를 넣어 영양도 풍부해요.

재료_2인분

백미 1컵
현미 1/3컵
콩나물 200g
김치 50g
돼지고기 200g
물 2컵

돼지고기 양념

간장 1큰술
청주 1큰술
다진 마늘 1큰술
참기름 조금
후춧가루 조금

양념장

부추 10g
간장 3큰술
청주 1큰술
참기름 1큰술
올리고당 1작은술
다진 마늘 1작은술
고춧가루 1/2작은술
깨소금 조금
후춧가루 조금

만들기

1 백미와 현미를 물에 담가 2시간 정도 불린 뒤 깨끗하게 씻어 물기를 뺀다.

2 콩나물은 꼬리를 다듬어 씻고, 김치는 씻어서 송송 썬다.

3 돼지고기는 채 썰어 양념에 10분간 잰다.

4 솥에 불린 쌀과 돼지고기, 김치를 안치고 물을 부어 센 불에서 밥을 짓는다. 5분 정도 끓여 밥물이 끓어오르면 약한 불로 줄여 15분 정도 끓인다.

5 밥물이 잦아들면 콩나물을 올린 뒤, 불을 끄고 5분간 뜸을 들인다.

6 부추를 송송 썰어 나머지 양념장 재료와 섞는다. 콩나물솥밥에 곁들인다.

2

3

4

5

tip 콩나물밥을 짓는 도중에 뚜껑을 열면 밥에서 비린내가 날 수 있어요. 뜸이 다 들 때까지 열지 마세요.

단호박영양밥

달달한 단호박과 영양 많은 밤, 대추, 은행 등을 넣고 솥밥을 지었어요.
넝쿨째 굴러온 영양식이랍니다.

재료_2인분

멥쌀 1컵
찹쌀 1/3컵
단호박 1개
은행 6알
깐 밤 4톨
대추 2개
물 1⅓컵
소금 조금

양념장

간장 4큰술
다시마국물 2큰술
다진 파 2큰술
다진 마늘 2작은술
다진 풋고추 2작은술
다진 붉은 고추 2작은술
참기름 2큰술

만들기

1 멥쌀과 찹쌀을 씻어 20분간 물에 담가 불린 뒤 체에 밭쳐 물기를 뺀다.

2 단호박은 껍질째 깨끗이 씻은 뒤, 반 갈라 씨를 긁어내고 깍둑썰기 한다.

3 은행은 마른 팬에 굴려가며 구운 뒤, 종이타월로 감싸서 비벼 껍질을 벗긴다.

4 밤은 반으로 썰고, 대추는 돌려 깎아 4등분한다.

5 솥에 불린 쌀과 단호박, 밤, 대추, 은행을 섞어 안치고 밥물에 소금을 조금 풀어 밥을 짓는다.

6 밥물이 끓어오르면 약한 불에서 10분간 뜸을 들인다. 양념장과 함께 낸다.

1

2

3

4

tip 단호박 씨는 숟가락으로 긁어내면 쉬워요. 남은 단호박은 먹기 좋은 크기로 잘라서 지퍼백에 담아 냉동 보관하세요.

굴무밥

감칠맛 나는 굴과 시원한 무가 잘 어우러진 별미 솥밥이에요.
바다의 우유, 굴의 영양이 가득해요.

재료_2인분

멥쌀 2컵
굴 200g
무 1/6개
미나리 조금
물 2컵

양념장

다진 표고버섯 1큰술
간장 2큰술
다시마국물 2큰술
설탕 1/2큰술
다진 파 1작은술
고추기름 1큰술
들기름 1작은술

만들기

1 멥쌀을 깨끗하게 씻어 30분 정도 물에 불린 뒤 체에 밭쳐 물기를 뺀다.

2 굴은 옅은 소금물에 살살 흔들어 씻어서 체에 밭쳐 물기를 뺀다.

3 무는 굵게 채 썰고, 미나리는 줄기만 3~4cm 길이로 썬다.

4 솥에 쌀을 안치고 무를 얹은 뒤, 물을 붓고 센 불에 올려 밥을 짓는다. 끓어오르면 중불로 줄인다.

5 밥물이 잦아들면 약한 불로 줄이고 굴을 올려 뜸을 들인다.

6 밥이 되면 미나리를 올리고, 양념장을 만들어 곁들인다.

2

3

4

5

tip 굴은 유백색으로 빛깔이 밝고 선명하며 광택이 있어야 싱싱한 거예요. 너무 깨끗이 씻으면 굴 향이 빠져나가 맛이 없으니 살짝만 헹구세요.

문어톳솥밥

바다의 맛과 향을 가득 담은 한 그릇이에요.
아작아작한 톳이 씹는 맛을 살려줘요.

재료_2인분

멥쌀 2컵
자숙문어 200g
톳 1줌
무 100g
당근 1/2개
실파 조금
참기름 조금
다시마 1조각
물 2컵

달래양념장

달래 1/2줌
간장 2큰술
고춧가루 1/2큰술
청주 1작은술
참기름 1작은술
깨소금 1작은술

만들기

1 멥쌀을 깨끗하게 씻어 30분 정도 물에 불린 뒤 체에 받쳐 물기를 뺀다.

2 자숙문어는 먹기 좋은 크기로 썰고, 톳은 씻어 끓는 물에 데친 뒤 먹기 좋게 썬다.

3 무와 당근은 나박나박 썰고, 실파는 송송 썬다.

4 솥에 참기름을 두르고 불린 쌀을 볶다가 다시마, 문어, 무, 당근, 톳을 넣고 물을 부어 중불에서 밥을 짓는다.

5 밥물이 끓어오르면 약한 불로 줄여 10~15분간 끓인 뒤, 불을 끄고 5분간 뜸을 들인다.

6 달래를 잘게 썰어 나머지 달래양념장 재료와 섞는다. 문어톳솥밥에 곁들인다.

1

2

3

4

tip 문어 대신 오징어나 새우, 홍합 등을 넣어도 좋아요. 여러 가지 해물로 다양한 맛을 즐기세요.

곤드레밥

곤드레밥을 지어 들깨 향이 좋은 양념간장에 비벼 먹는 한 그릇 밥이에요. 매콤한 달래양념장에 비벼도 맛있어요.

재료_2인분

멥쌀 1¼컵
말린 곤드레 1줌
다시마국물 2컵
들기름 조금

다시마국물

다시마 10×10cm 1장
물 5컵

양념장

간장 2큰술
국간장 1/2큰술
고춧가루 1/2큰술
다진 파 1큰술
들기름 1큰술
통깨 1/2큰술

만들기

1 말린 곤드레를 물에 충분히 불린 뒤, 찬물에 여러 번 헹구고 물기를 꼭 짜 잘게 썬다.

2 냄비에 물을 붓고 다시마를 넣어 끓인다. 물이 끓어오르면 불을 줄이고 10분 정도 더 우린 뒤 불을 끄고 다시마를 건진다.

3 쌀을 깨끗이 씻어서 체에 밭쳐 30분 정도 불린다.

4 곤드레에 들기름을 넣고 조물조물 무쳐 향이 배게 한 뒤 달군 팬에 살짝 볶는다.

5 냄비에 불린 쌀과 볶은 곤드레를 안치고 다시마국물을 부어 밥을 짓는다.

6 곤드레밥이 다 되면 들기름을 넣어 섞는다. 양념장을 만들어 곁들인다.

1

4

5

tip 말린 곤드레를 30분 정도 푹 삶아 3시간 정도 물에 담가 불린 뒤, 여러 번 헹궈 지퍼백에 담아서 냉동 보관하세요. 필요할 때 바로바로 요리할 수 있어 편해요.

날치알밥

날치알이 톡톡 터지는 알밥은 일식집의 인기 메뉴죠.
이제 집에서 즐겨보세요.

재료_2인분

멥쌀 2컵
날치알 4큰술
칵테일새우 8마리
김치 1컵
빨강·노랑 파프리카 1/2개씩
단무지 40g
실파 1뿌리
물 2컵
참기름 2큰술
청주 1큰술

양념장

간장 2큰술
다진 홍고추 1큰술
다진 파 2작은술
다진 마늘 2작은술
참기름 2작은술
통깨 조금

만들기

1 멥쌀을 깨끗하게 씻어 30분 정도 물에 불린 뒤 체에 받쳐 물기를 뺀다.
2 불린 쌀을 압력솥에 안쳐서 밥을 짓는다.
3 날치알은 체에 받친 채 흐르는 물에 살살 씻어 물기를 뺀 뒤, 청주에 5분 정도 담가둔다.
4 끓는 물에 새우를 살짝 데쳐 반으로 저민다.
5 김치와 파프리카, 단무지는 잘게 썰고, 실파는 송송 썬다.
6 돌솥에 참기름을 골고루 바르고 뜨겁게 달군 뒤, 갓 지은 밥을 담고 그 위에 김치, 단무지, 파프리카, 새우를 돌려 담는다. 맨 위에 날치알과 실파를 올리고 참기름을 뿌린다.

3

4

5

6

tip 날치알을 씻어 짠맛을 없애고 물기를 뺀 뒤, 화이트 와인이나 청주에 담가두면 비린내가 사라져요. 남은 날치알은 냉동실에 보관하고 먹기 직전에 해동해 조리하세요.

차돌박이솥밥

고소한 차돌박이를 구워 올려 맛과 영양을 더한 솥밥이에요.
대파의 단맛이 어우러져 더 맛있어요.

재료_2인분

멥쌀 2컵
차돌박이 200g
대파 1/2대
쪽파 3뿌리
소금·후춧가루 조금씩
통깨 조금
다시마국물 2컵

양념장

간장 2큰술
청주 1큰술
매실청 1/2큰술
다진 마늘 1/2큰술
참기름 1큰술

만들기

1 멥쌀을 깨끗하게 씻어 30분 정도 물에 불린 뒤 체에 밭쳐 물기를 뺀다.

2 대파와 쪽파는 송송 썬다.

3 차돌박이는 종이타월에 올려 핏물을 뺀다.

4 솥에 불린 쌀을 안치고 다시마국물을 부어 중불에서 밥을 짓는다. 밥물이 끓어오르면 약한 불로 줄여 10~15분간 끓인다.

5 달군 팬에 차돌박이를 소금, 후춧가루로 간해 굽고, 송송 썬 대파도 넣어 굽는다.

6 밥솥의 불을 끈 뒤 밥 위에 구운 차돌박이를 올리고 뚜껑을 덮어 5분간 뜸을 들인다.

7 솥밥에 통깨와 송송 썬 쪽파를 뿌린다. 양념장을 만들어 곁들인다.

1

3

5

6

tip 입맛에 따라 버섯 등 제철 재료를 넣어도 좋아요. 미나리를 송송 썰어 넣고 비벼 먹어도 맛있어요.

해물영양밥

다양한 해물을 한 솥에 담고 참기름으로 고소한 맛을 살렸어요.
남녀노소 누구나 맛있게 즐길 수 있어요.

재료_2인분

멥쌀 2컵
칵테일새우 8마리
오징어 1/8마리
굴 100g
홍합살 4개
물 2컵
다시마 5×5cm 1장
청주 2큰술
참기름 2작은술

양념장

간장 2큰술
다진 홍고추 1큰술
다진 파 2작은술
다진 마늘 2작은술
참기름 2작은술
통깨 조금

만들기

1 멥쌀을 깨끗하게 씻어 30분 정도 물에 불린 뒤 체에 밭쳐 물기를 뺀다.

2 굴과 홍합살은 옅은 소금물에 살살 씻어 건져 물기를 뺀다.

3 새우는 해동해 물에 헹궈 물기를 뺀다. 오징어는 손질해 한입 크기로 썬다.

4 솥에 불린 쌀과 다시마를 안치고 밥물을 부어 센 불에서 밥을 짓는다.

5 밥물이 끓어오르면 준비한 해물과 청주를 넣고 중불에서 15분 정도 끓인 뒤, 약한 불로 줄이고 참기름을 넣어 10분 정도 뜸을 들인다.

6 해물밥이 완성되면 살살 섞어 그릇에 담고 양념장을 곁들인다.

2

3

5

tip 오징어 껍질을 벗길 때는 굵은 소금으로 문지르거나 종이타월로 잡고 당기면 쉽게 벗겨져요.

뿌리채소솥밥

여러 가지 뿌리채소를 듬뿍 넣고 밥을 지었어요.
맛은 물론 영양도 풍부해요.

재료_2인분

멥쌀 2컵
당근 1/2개
연근 40g
표고버섯 3개

밥물

다시마국물 1½컵
간장 1큰술
청주 1큰술

만들기

1 멥쌀을 깨끗하게 씻어 30분 정도 물에 불린 뒤 체에 밭쳐 물기를 뺀다.

2 당근, 연근, 표고버섯은 한입 크기로 썬다.

3 솥에 불린 쌀과 채소를 안치고, 다시마국물에 간장과 청주를 섞어 부어 센 불에서 밥을 짓는다.

4 밥물이 끓어오르면 약한 불로 줄여 15분간 끓인 뒤, 불을 끄고 10분 정도 뜸을 들인다. 뜸이 들면 밥을 뒤섞는다.

tip 뿌리채소솥밥에 무를 함께 넣어도 맛있어요. 쑥갓을 송송 썰어 올리면 향긋하고 좋아요.

모둠버섯밥

여러 가지 버섯을 듬뿍 넣어 향긋함이 살아 있는 솥밥이에요.
버섯은 칼로리가 거의 없어 다이어트에도 좋아요.

재료_2인분

멥쌀 2컵
마른 표고버섯 5개
만가닥버섯 70g
느타리버섯 70g
표고버섯 불린 물 1컵
물 1컵

양념장

표고버섯 1개
간장 4큰술
다시마국물 2큰술
다진 파 2큰술
다진 마늘 2작은술
다진 풋고추 2작은술
다진 붉은 고추 2작은술
참기름 2큰술
통깨 1작은술

만들기

1 쌀을 깨끗하게 씻어 30분 정도 물에 불린 뒤 체에 받쳐 물기를 뺀다.

2 마른 표고버섯은 미지근한 물에 불려 도톰하게 썰고, 불린 물 1컵은 남겨 밥물로 쓴다.

3 만가닥버섯과 느타리버섯은 가닥가닥 찢는다.

4 표고버섯을 곱게 다진 뒤 나머지 재료와 섞어 양념장을 만든다.

5 솥에 불린 쌀을 안치고 표고버섯 불린 물과 맹물을 섞어 부어 밥을 짓는다.

6 밥을 뜸들이기 전에 준비한 버섯을 모두 넣고 불을 줄여서 10분간 뜸을 들인다. 다 되면 그릇에 담아 양념장을 곁들인다.

2

3

4

5

tip 버섯은 상처가 없고 단단한 것이 좋아요. 마른 행주로 표면을 닦고 비닐 랩으로 싸서 냉장실에 기둥이 위로 가게 두면 5일 정도 보관할 수 있어요.

시래기솥밥과 강된장

시래기밥을 강된장에 비벼 먹으면 구수한 맛이 그만이에요.
강된장이 짜지 않아 더 맛있어요.

재료_2인분

멥쌀 2컵
삶은 시래기 200g
표고버섯 2개
홍고추 1/2개
다시마국물 2컵

나물 양념

국간장 1큰술
들기름 2큰술

강된장

두부 1/4모
양파 1/2개
새송이버섯 1개
홍고추 조금
된장 3큰술
고춧가루 1큰술
다진 마늘 1작은술
참기름 1작은술
다시마국물 1컵

만들기

1 멥쌀을 깨끗하게 씻어 30분 정도 물에 불린 뒤 체에 밭쳐 물기를 뺀다.

2 삶은 시래기는 물에 헹궈 물기를 짠 뒤, 줄기의 껍질을 벗기고 먹기 좋은 길이로 썰어 양념한다.

3 표고버섯은 먹기 좋은 크기로 썰고, 홍고추는 잘게 썬다.

4 강된장에 들어가는 두부는 한입 크기로 깍둑썰기 하고, 양파, 새송이버섯, 홍고추는 잘게 썬다.

5 솥에 불린 쌀과 양념한 시래기, 표고버섯을 안치고 다시마국물을 부어 센 불에서 밥을 짓는다.

6 끓어오르면 약한 불로 줄여 15분간 더 끓인 뒤, 불을 끄고 10분간 뜸을 들인다. 마지막에 홍고추를 뿌린다.

7 냄비에 참기름을 조금 두르고 양파, 새송이버섯을 볶다가 향이 올라오면 된장, 고춧가루, 다진 마늘, 참기름, 다시마국물을 넣어 3분 정도 끓인다.

8 된장이 자작해지면 두부, 홍고추를 넣고 살짝 더 끓여 시래기솥밥에 곁들인다.

1

2

3

5

7

tip 말린 시래기는 물에 하루 정도 담가 충분히 불린 뒤 40분 정도 삶아서 준비하세요. 담가둘 때 중간중간 물을 갈아야 이물질이 깨끗이 빠져요.

PART 6

국밥

RICE SOUP

시래기국밥

시래기를 된장으로 양념해 진한 사골국물에 넣고 끓였어요.
영양 많고 속 든든한 한 그릇 밥이에요.

재료_2인분

밥 2공기
쇠고기(양지머리) 150g
시래기 250g
홍고추 1개
대파 1/2대
다진 마늘 1/2큰술
고춧가루 1큰술
국간장 1/2큰술
소금·후춧가루 조금씩

시래기 양념

된장 2큰술
다진 파 1큰술
다진 마늘 1큰술
고춧가루 1/2큰술
참기름 1/2큰술

사골국물

사골(소 잡뼈) 300g
물 10컵

만들기

1 소 잡뼈를 1시간 정도 물에 담가 핏물을 뺀 뒤 냄비에 담고 물을 부어 끓인다. 지저분한 첫물은 따라 버리고 다시 물을 받아 뽀얀 국물이 우러날 때까지 3~4시간 푹 끓인다.

2 시래기는 부드럽게 삶아 찬물에 담가두었다가 물기를 꼭 짠 뒤, 4cm 길이로 썰어 시래기 양념에 무친다.

3 쇠고기는 먹기 좋은 크기로 저미고, 홍고추와 대파는 어슷하게 썬다.

4 ①의 사골국물에 쇠고기를 넣어 끓이다가 양념한 시래기를 넣고 한소끔 끓인다.

5 국물이 잘 어우러지면 홍고추와 대파를 넣고 국간장과 소금, 후춧가루로 간을 맞춘다.

6 뚝배기를 뜨거운 물로 따뜻하게 데운 뒤, 밥을 담고 ⑤의 국을 퍼 담는다.

1

2

3

4

tip 시래기를 보관할 때는 소금물에 살짝 데쳐서 통풍이 잘 되는 그늘에 걸어 말려야 비타민 손실이 적어요. 살짝 데쳐서 냉동 보관해도 돼요.

매콤 굴국밥

바다 향이 좋고 영양이 풍부한 굴과 미역으로 시원한 국밥을 끓였어요. 청양고추를 넣어 국물 맛이 칼칼해요.

재료_2인분

밥 2공기
굴 1컵
마른미역 10g
청양고추 1개
홍고추 1개
달걀 1개
국간장 2작은술
소금 1큰술
참기름 1작은술

멸치국물

국물용 멸치 5마리
다시마 5×5cm 1장
물 4컵

만들기

1 마른미역은 찬물에 불려 먹기 좋은 크기로 썰고, 청양고추와 홍고추는 어슷하게 썬다.

2 굴은 옅은 소금물에 살살 흔들어 씻은 뒤 체에 밭쳐 물기를 뺀다.

3 냄비에 멸치, 다시마, 물을 넣고 끓여 국물을 우린 뒤 건더기를 건져낸다.

4 ③의 멸치국물에 미역을 넣고 끓이다가, 굴과 고추, 밥을 넣고 국간장과 소금으로 간해 좀 더 끓인다.

5 달걀을 풀어서 냄비 가장자리에 둘러가며 부은 뒤 불을 끄고 참기름을 넣는다.

1

2

4

5

tip 굴 대신 두부를 넣어도 담백하고 맛있어요. 달걀을 넣고 휘저으면 국물이 지저분해지니 한두 번만 저으세요. 달걀은 입맛에 따라 넣지 않아도 돼요.

육개장국밥

얼큰한 육개장은 무더운 여름철에 입맛을 살리고 기운을 돋우는 음식이에요. 고기와 나물 등이 골고루 들어가 영양의 균형이 좋아요.

재료_2인분

밥 2공기
삶은 고사리 50g
삶은 토란대 50g
숙주 30g
대파 1대
고추기름 2큰술
소금·후춧가루 조금씩

무침 양념

고춧가루 1큰술
국간장 2큰술
다진 파 1/2큰술
다진 마늘 1작은술
참기름 1큰술
후춧가루 조금

쇠고기국물

쇠고기(양지머리) 300g
대파 1대
마늘 2쪽
통후추 조금
물 1.5L

만들기

1 냄비에 물을 넉넉히 붓고 쇠고기와 대파, 마늘, 통후추를 넣어 고기가 무르도록 푹 삶는다.

2 고기가 익으면 국물은 걸러서 따로 두고, 고기는 길게 저며 썬다.

3 삶은 고사리와 토란대는 물에 담가두었다가 물기를 꼭 짜서 4cm 길이로 썬다.

4 대파를 7cm 길이로 썬 뒤, 썬 대파와 손질한 숙주를 각각 끓는 물에 살짝 데친다.

5 무침 양념을 만들어 고기, 고사리, 토란대, 숙주, 대파를 모두 넣고 고루 무친다.

6 ②의 쇠고기국물에 양념한 고기와 나물을 넣고 중불에서 끓인 뒤 소금으로 간을 맞춘다.

7 마지막으로 고추기름과 후춧가루를 넣고, 다 되면 밥과 함께 그릇에 담는다.

1

2

3

4

5

tip 육개장은 단맛 나는 대파를 넉넉히 넣어야 맛있어요. 부추나 무를 넣어도 시원하고 좋아요.

콩나물국밥

오징어를 썰어 넣고 뜨끈하게 끓인 콩나물국밥은 해장국으로 그만이에요. 새우젓으로 간해 먹으면 감칠맛이 좋아요.

재료_2인분

밥 2공기
콩나물 200g
오징어 1마리
청양고추 1/2개
홍고추 1/2개
실파 1뿌리
다진 마늘 1작은술
국간장 1½큰술
고춧가루 1큰술
새우젓 적당량

멸치국물

국물용 멸치 5마리
다시마 5×5cm 1장
물 3컵

만들기

1 콩나물은 깨끗이 씻어 건지고, 고추는 어슷하게 썰고, 실파는 송송 썬다. 오징어는 손질해 굵게 다진다.

2 냄비에 물을 붓고 멸치와 다시마를 넣어 끓인 뒤 국물만 거른다.

3 ②의 멸치국물에 콩나물을 넣어 끓이다가 다진 오징어를 넣고 국간장으로 간한다.

4 한소끔 끓으면 밥을 넣고 조금 더 끓이다가 실파와 마늘, 고추, 고춧가루를 넣는다.

5 다 되면 그릇에 담아 새우젓과 함께 낸다.

1

2

3

tip 콩나물국밥에 달걀을 넣으면 매운맛이 덜하고 부드러워져요. 김과 함께 먹어도 맛있어요.

김칫국밥

신 김치만 있으면 손쉽게 만들 수 있는 간단한 국밥이에요.
간만 잘 맞추면 누구나 솜씨를 발휘할 수 있어요.

재료_2인분
밥 2공기
신 김치 2컵
콩나물 1줌
대파 조금
다진 마늘 1큰술
국간장 1큰술
소금 조금
참기름 조금

멸치국물
국물용 멸치 10마리
물 6컵

만들기

1 냄비에 물과 멸치를 넣고 끓여 국물을 우려낸 뒤 멸치는 건져낸다.

2 신 김치는 소를 털어 한입 크기로 썰고, 콩나물은 깨끗이 씻어 건진다. 대파는 어슷하게 썬다.

3 ①의 멸치국물에 김치를 넣어 한소끔 끓인 뒤, 콩나물을 넣고 국간장과 소금으로 간을 맞춘다.

4 다진 마늘과 대파, 밥을 넣고 조금 더 끓인다.

5 다 되면 그릇에 담고 참기름을 조금 뿌린다.

2

3

4

tip 김치가 너무 시었다면 물에 씻어서 조리하세요. 설탕을 조금 넣어도 신맛을 줄일 수 있어요.

황태국밥

황태는 간 해독 효과가 뛰어나 술 마신 다음 날 먹으면 좋아요.
국물이 시원하고 개운해서 속이 확 풀려요.

재료_2인분

밥 2공기
황태포 40g
연두부 1/2모
무 7cm
대파 1/2대
식용유 1/2큰술
참기름 2큰술
다진 마늘 1큰술
국간장 1큰술
새우젓 1/2큰술
소금 조금
물 8컵

만들기

1 황태포는 먹기 좋게 찢어서 물에 담갔다가 바로 건져 부드럽게 하고, 두부는 손가락 굵기로 길쭉하게 썬다.

2 무는 길게 저며 썰고, 대파는 어슷하게 썬다.

3 냄비에 식용유와 참기름을 두르고 황태포를 볶다가 무를 넣어 함께 볶는다.

4 무가 살짝 익으면 물을 붓고 끓이다가 다진 마늘, 국간장, 새우젓을 넣어 맛을 낸다.

5 한소끔 끓으면 두부와 대파를 넣고 소금으로 간을 맞춘 뒤 밥을 말아서 낸다.

1

2

3

4

tip 식용유와 참기름에 황태포를 먼저 볶다가 물을 부어 끓이면 고소한 맛이 나고 국물도 뽀얗게 우러나요. 쇠고기뭇국이나 미역국을 끓일 때도 마찬가지예요. 남은 두부는 종이타월로 물기를 닦아 냉동 보관하세요.

닭곰탕

맑은 국물이 개운한 닭곰탕은 여름철 보양식으로 준비하면 좋아요.
뼈를 발라낼 필요가 없어 먹기 편해요.

재료_2인분

밥 2공기
부추 1줌
대파 1대
소금 1큰술
후춧가루 조금

닭국물

닭 1/2마리
대파 2대
마늘 3쪽
생강 1쪽
통후추 1큰술
물 8컵

만들기

1 냄비에 닭과 대파, 마늘, 생강, 통후추를 넣고 물을 부어 끓인다.

2 부추는 4cm 길이로 썰고, 대파는 송송 썬다.

3 닭이 푹 삶아지면 국물만 따로 받고, 닭고기는 결대로 찢어 대파, 소금, 후춧가루로 양념한다.

4 그릇에 밥을 담고 양념한 닭살과 부추를 올린 뒤 닭국물을 붓는다. 소금, 후춧가루와 함께 낸다.

tip 얼큰한 닭곰탕을 원하면 닭고기를 국간장 4큰술, 고춧가루 3큰술, 청양고추, 대파, 후춧가루로 양념하세요.

PART 7

곁들이면 좋은
국과 밑반찬

SOUP AND

국

김칫국

얼큰하고 시원한 김칫국은 대한민국의 기본 국이죠.
잘 익은 김치의 새콤한 맛이 입맛을 돋워요.

재료_2인분

배추김치 1컵
대파 조금
다진 마늘 1작은술
고춧가루 1큰술
국간장 1큰술
소금 1작은술

멸치국물

국물용 멸치 10마리
다시마 5×5cm 1장
물 4컵

tip

김칫국은 신 김치로 끓여야 제맛이 나요. 두부나 콩나물을 넣어도 좋아요.

만들기

1 김치는 먹기 좋게 썰고, 대파는 어슷하게 썬다.

2 냄비에 멸치와 다시마를 넣고 물을 부어 끓인다. 끓어오르면 다시마를 건져내고 좀 더 끓인 뒤 체에 거른다.

3 멸치국물에 김치와 다진 마늘을 넣어 끓인다.

4 대파와 고춧가루를 넣고 국간장, 소금으로 간해 한소끔 끓인다.

얼큰 콩나물국

콩나물국에 청양고추와 고춧가루를 넣어 칼칼한 맛을 더했어요.
볶음밥, 비빔밥 등 어디에나 잘 어울려요.

재료_2인분

콩나물 100g
청양고추 1개
대파 조금
다진 마늘 1작은술
고춧가루 1큰술
국간장 1큰술
소금 1/2작은술

멸치국물
국물용 멸치 10마리
물 5컵

만들기

1 냄비에 멸치를 넣고 물을 부어 끓이다가 끓어오르면 멸치를 건져낸다.

2 무는 길쭉하게 썰고, 대파와 청양고추는 어슷하게 썬다.

3 멸치국물에 콩나물과 무를 넣어 한소끔 끓인다.

4 중불로 줄여 고춧가루와 국간장, 소금으로 간하고 청양고추, 대파, 마늘을 넣어 끓인다.

tip
콩나물국은 소금으로만 간하기도 해요. 다진 마늘을 조금만 넣어야 콩나물의 맛과 향이 살아요.

시금치된장국

시금치는 비타민, 철분, 칼슘 등 영양이 풍부한 채소예요.
잎이 연해서 먹기도 좋아요.

재료_2인분

시금치 100g
청·홍고추 조금씩
대파 조금
다진 마늘 1작은술
된장 1큰술
국간장 1/2큰술

멸치국물

국물용 멸치 10마리
물 4컵

만들기

1 시금치는 밑동을 자르고 깨끗이 씻어 물기를 뺀다. 대파와 고추는 어슷하게 썬다.

2 냄비에 멸치를 넣고 물을 부어 끓이다가 끓어오르면 멸치를 건져낸다.

3 멸치국물에 된장을 풀고 무를 넣어 끓이다가 무가 반투명해지면 시금치를 넣어 끓인다.

4 시금치의 숨이 죽으면 다진 마늘과 국간장으로 간하고 대파, 고추를 넣는다.

tip
시금치국은 모양이 납작한 시금치로 끓여야 달고 맛있어요. 뿌리에 영양이 많으니 너무 많이 잘라내지 마세요.

미소된장국

우리 된장국보다 연하고 단맛이 나는 일본식 된장국이에요.
덮밥 등에 곁들이면 좋아요.

재료_2인분

불린 미역 10g
두부 1/4모
쪽파 조금
미소된장 2큰술
청주 2큰술

가다랑어국물

가다랑어포 1/2줌
다시마 5×5cm 1장
물 4컵

만들기

1 냄비에 다시마를 넣고 물을 부어 끓인다. 끓어오르면 불을 끄고 다시마를 건져낸 뒤, 가다랑어포를 넣고 5분 정도 우려 체에 거른다.

2 두부는 사방 1cm 크기로 썰고, 불린 미역은 한입 크기로 썬다. 쪽파는 송송 썬다.

3 가다랑어국물에 미소된장을 풀고 두부와 미역을 넣어 한소끔 끓인 뒤 쪽파를 넣는다.

tip
미소된장은 오래 끓이면 텁텁하고 맛이 없어요. 우르르 끓으면 불을 끄세요.

쇠고기뭇국

양지머리를 우려서 무를 넣고 뭉근히 끓여 국물이 시원해요.
참기름을 살짝 뿌려 고소한 맛을 더했어요.

재료_2인분

쇠고기(양지머리) 80g
무 1/4개
대파 1/2대
다진 마늘 1/2큰술
국간장 1/2큰술
청주 1/2큰술
참기름 1/2큰술
소금·후춧가루 조금씩
물 4컵

만들기

1 냄비에 고기를 넣고 물을 부어 팔팔 끓인다. 국물이 우러나면 고기를 건져 한입 크기로 썬다.

2 무는 한입 크기로 납작하게 썰고, 대파는 어슷하게 썬다.

3 쇠고기국물에 썰어 둔 고기와 무를 넣어 중불로 뭉근하게 끓인다.

4 무가 투명하게 익으면 다진 마늘과 청주, 대파를 넣어 끓이다가 국간장과 소금, 후춧가루로 간하고 참기름을 넣는다.

tip
국간장만으로 간을 맞추면 국물 색깔이 어두워질 수 있어요. 국간장으로 색을 내고 부족한 간은 소금으로 맞추세요.

달걀국

별 다른 재료가 필요 없어 누구나 금세 끓일 수 있어요.
한 그릇 밥과 함께 내기에 이만한 국이 없답니다.

재료_2인분

달걀 3개
팽이버섯 50g
대파 조금
다진 마늘 1작은술
국간장 1큰술
소금 조금

멸치국물

국물용 멸치 10마리
다시마 5×5cm 1장
물 4컵

만들기

1 냄비에 멸치와 다시마를 넣고 물을 부어 끓인다. 끓어오르면 다시마를 건져내고 좀 더 끓인 뒤 체에 거른다.

2 대파는 어슷하게 썰고, 팽이버섯은 밑동을 자르고 씻어 4cm 길이로 썬다.

3 멸치국물을 끓이다가 달걀을 멍울 없이 풀어 원을 그리며 붓는다.

4 국간장과 소금으로 간을 하고 대파와 다진 마늘, 팽이버섯을 넣어 끓인다.

tip
국물이 끓지 않은 상태에서 달걀을 넣으면 국이 탁해져요. 끓을 때 달걀을 넣어야 바로 익어 깔끔해요.

미역오이냉국

따끈한 국도 좋지만 여름에는 역시 냉국이죠.
매콤한 비빔밥 등과 함께 먹으면 잘 어울려요.

재료_2인분

불린 미역 70g
오이 1/3개
양파 1/3개
홍고추 1/2개
다진 마늘 1/2작은술
간장 1큰술
식초 1큰술
설탕 1작은술
소금 조금
물 4컵

만들기

1 불린 미역을 끓는 물에 살짝 데쳐 찬물에 헹군다.

2 미역은 먹기 좋게 썰고, 오이와 양파는 채 썬다. 홍고추는 송송 썬다.

3 미역과 채소에 간장, 설탕, 식초, 마늘을 넣어 무친다.

4 양념한 미역에 물을 부어 섞는다.

tip
얼음을 넣는 대신 살얼음처럼 살짝 얼려서 먹으면 녹아도 국물이 싱거워지지 않아 좋아요.

콩나물냉국

콩나물국은 보통 뜨겁게 먹지만 냉국으로 먹어도 좋아요.
시원한 국물이 입 안을 개운하게 해요.

재료_2인분

콩나물 100g
마늘 1쪽
청·홍고추 조금씩
국간장 1큰술
소금 1작은술
물 4컵

만들기

1 마늘은 다지고, 고추는 어슷하게 썬다.

2 냄비에 콩나물과 물을 넣고 5분간 삶아 건져 찬물에 담가둔다.

3 콩나물 삶은 물은 다진 마늘을 넣고 국간장, 소금으로 간해 차갑게 식힌다.

4 식힌 국물에 삶은 콩나물과 고추를 넣는다.

tip
끓여놓은 콩나물국이 있으면 식혀서 냉장고에 넣었다가 차게 먹어도 좋아요.

밑반찬

배추겉절이

배추속대를 멸치액젓으로 간해 버무려 먹는 즉석 김치예요.
배추의 시원한 맛이 살아있어 산뜻해요.

재료

배추속대 1/2포기분
쪽파 6뿌리
통깨 1큰술
소금 조금

소금물

소금 1/2컵
물 5컵

양념

고춧가루 3큰술
멸치액젓 2큰술
설탕 3큰술
다진 마늘 2큰술
생강즙 1작은술
소금 조금

만들기

1 배추속대를 깨끗이 씻어 한입 크기로 썬다. 소금물에 1시간 정도 절인다.

2 쪽파를 5cm 길이로 썬다.

3 양념 재료를 고루 섞는다.

4 절인 배추의 물기를 털어 그릇에 담고 쪽파와 양념을 넣어 살살 버무린다. 부족한 간은 소금으로 맞춘다.

5 그릇에 겉절이를 담고 통깨를 뿌린다.

tip
시간이 없으면 배추를 미지근한 물에 절이세요. 한결 빨리 절어요.

오이겉절이

아삭아삭한 오이겉절이는 여름에 먹으면 제 맛이에요.
간장으로 간해 버무려 깔끔해요.

재료

오이 1개
양파 1/4개
소금 1/2작은술
굵은 소금 조금

양념

고춧가루 1큰술
간장 1큰술
설탕 1작은술
다진 마늘 1작은술
참기름 1/2작은술

만들기

1 오이를 굵은 소금으로 문질러 씻어 길이로 반 갈라 어슷하게 썬 뒤, 소금을 뿌려 살짝 절인다. 물기가 배어 나오면 손으로 물기를 짠다.

2 양파를 가늘게 채 썬다.

3 양념 재료를 고루 섞는다.

4 오이와 양파를 한데 담고 양념을 넣어 살살 버무린다.

tip

오이는 오톨도톨 가시가 살아 있는 것이 싱싱한 거예요. 모양이 곧고 굵기가 고른 게 맛있어요.

부추겉절이

독특한 향이 좋은 부추를 새콤하게 버무렸어요.
고기가 들어간 음식과 잘 맞아요.

재료

부추 1/2단
양파 1/4개
통깨 1큰술

양념

고춧가루 2큰술
간장 2큰술
물엿 1큰술
식초 1큰술
다진 마늘 1큰술
생강즙 조금
참기름 1작은술

만들기

1 부추는 모아 쥐고 물에 흔들어 씻어 5cm 길이로 썬다. 양파는 가늘게 채 썬다.

2 양념 재료를 고루 섞는다.

3 부추, 양파, 붉은 고추를 한데 담고 양념을 넣어 살살 버무린다.

4 그릇에 겉절이를 담고 통깨를 뿌린다.

tip
부추는 손이 많이 가면 풋내가 나요. 빠르게 손질하고 살살 뒤적이며 버무리세요.

오이피클

상큼한 오이피클은 누구나 좋아하는 밑반찬이에요.
도시락 쌀 때 곁들여 담으면 좋아요.

재료

오이 2개
양파 1/2개

절임물

식초 1/2컵
물 1컵
설탕 1컵
소금 2큰술
월계수 잎 1장
통후추 10알
피클링 스파이스 1큰술

만들기

1 양파는 도톰하게 채 썰고, 오이는 양파와 비슷한 크기로 길쭉하게 썬다.

2 냄비에 식초를 뺀 절임물 재료를 넣어 한소끔 끓인 뒤, 식초를 넣고 바로 불을 끈다.

3 병에 오이와 양파를 담고 뜨거운 절임물을 붓는다.

4 한 김 식힌 뒤 뚜껑을 닫아 3일간 냉장 보관한다.

tip
오이지를 만들어도 좋아요. 오이에 소금물을 끓여 붓고 오이가 푹 잠긴 상태로 3~4일 두면 돼요.

무피클

무피클은 여러 가지 재료가 들어간 볶음밥과 잘 어울려요.
집에서 만들면 더 맛있어요.

재료

무 1/2개
비트 3×3×3cm 1조각

절임물

식초 1컵
물 2컵
설탕 1컵
소금 1작은술
통후추 10알
피클링 스파이스 1큰술

만들기

1 무는 한입 크기로 썰고, 비트도 먹기 좋게 썬다.

2 냄비에 식초를 뺀 절임물 재료를 넣어 한소끔 끓인 뒤, 식초를 넣고 바로 불을 끈다.

3 병에 무와 비트를 담고 뜨거운 절임물을 붓는다.

4 한 김 식힌 뒤 뚜껑을 닫아 3일간 냉장 보관한다.

tip

무는 껍질에 비타민 C가 많이 들어있어요. 벗겨내지 말고 솔이나 수세미로 씻으세요.

양배추피클

양배추에는 필수아미노산과 칼슘이 풍부해요.
새콤달콤하게 피클을 만들면 아이들도 잘 먹어요.

재료

양배추 1/4개
양파 1/2개
비트 3×3×3cm 1조각
마늘 2쪽

절임물

식초 5큰술
물 1/2컵
설탕 3큰술
소금 2큰술
피클링 스파이스 1큰술

tip

양배추의 두꺼운 줄기는 잘라 버리는 경우가 많은데, 여기에 위점막을 보호하는 비타민 U가 많아요. 버리지 말고 잘게 썰어서 콜슬로를 만들어보세요. 당근, 양파 등과 함께 마요네즈, 설탕, 식초, 레몬즙, 소금, 후춧가루로 양념하면 돼요.

만들기

1 양배추는 한입 크기로 썰고, 양파와 비트도 비슷한 크기로 썬다. 마늘은 저민다.

2 냄비에 식초를 뺀 절임물 재료를 넣어 한소끔 끓인 뒤, 식초를 넣고 바로 불을 끈다.

3 병에 채소를 담고 뜨거운 절임물을 붓는다.

4 한 김 식힌 뒤 뚜껑을 닫아 3일간 냉장 보관한다.

고추간장장아찌

매콤한 풋고추로 새콤달콤한 장아찌를 담갔어요.
제철인 여름에 담가 먹으면 맛있어요.

재료

풋고추 200g

절임장

간장 1½컵
식초 2컵
물 1컵
설탕 ½컵
소금 1큰술

만들기

1 풋고추를 꼭지째 깨끗이 씻어 물기를 뺀 뒤, 이쑤시개로 두세 군데 찔러 구멍을 낸다.

2 냄비에 물, 간장, 설탕, 소금을 넣어 한소끔 끓인 뒤, 식초를 넣고 다시 한소끔 끓여 식힌다.

3 밀폐용기에 풋고추를 담고 떠오르지 않도록 무거운 것으로 누른 뒤 절임물을 붓는다.

4 그늘지고 서늘한 곳에서 2주 정도 삭혀 냉장 보관한다.

tip
풋고추에 군데군데 구멍을 내면 절임장이 속까지 배어 맛있어요. 살이 단단한 고추로 담가야 매콤한 맛이 좋아요.

새송이버섯간장장아찌

버섯으로 장아찌를 담그면 쫄깃한 맛이 좋아요.
홍고추를 넣어 매콤한 맛을 더했어요.

재료

새송이버섯 3개
홍고추 1개

절임장

간장 1/2컵
식초 1/2컵
물 1/2컵
설탕 1/2컵

만들기

1 새송이버섯은 밑동을 잘라내고 길이로 도톰하게 저민다. 홍고추는 2cm 길이로 썬다.

2 냄비에 물, 간장, 설탕, 소금을 넣어 한소끔 끓인 뒤, 식초를 넣고 다시 한소끔 끓여 식힌다.

3 밀폐용기에 버섯과 홍고추를 담고 절임장을 붓는다.

4 실온에 하루 동안 두었다가 냉장 보관한다.

tip

버섯의 진한 향을 느끼고 싶다면 말린 표고버섯으로 담가보세요. 물에 불려 물기를 꼭 짜서 담고, 버섯 불린 물은 절임장 만들 때 사용하세요.

셀러리간장장아찌

샐러드로 주로 먹던 셀러리를 색다르게 즐겨보세요.
특유의 향긋함이 입맛을 돋워요.

재료

셀러리 2대
풋고추 6개

절임장

간장 1컵
식초 1컵
물 1/2컵
설탕 1/2컵

만들기

1 셀러리는 섬유질을 벗기고 1cm 길이로 어슷하게 썬다. 풋고추는 1~1.5cm 길이로 썬다.

2 냄비에 물, 간장, 설탕, 소금을 넣어 한소끔 끓인 뒤, 식초를 넣고 다시 한소끔 끓여 식힌다.

3 밀폐용기에 셀러리와 풋고추를 꾹꾹 눌러 담고 뜨거운 절임물을 붓는다.

4 실온에서 1주일 정도 삭혀 냉장 보관한다.

tip

절임물을 뜨거울 때 부어야 셀러리의 아삭함이 유지돼요.

연근간장장아찌

연근을 살짝 데쳐서 새콤달콤한 간장에 절였어요.
아삭아삭한 맛이 별미예요.

재료

연근 1개
풋고추 3개

절임장

간장 2컵
식초 1컵
물 1컵
설탕 1컵

만들기

1 연근은 껍질을 벗기고 반 갈라 1cm 두께로 썬다. 풋고추는 송송 썬다.

2 끓는 물에 연근을 넣어 20초간 데친다.

3 냄비에 물, 간장, 설탕, 소금을 넣어 한소끔 끓인 뒤, 식초를 넣고 다시 한소끔 끓여 식힌다.

4 밀폐용기에 데친 연근과 고추를 담고 절임장을 붓는다.

5 실온에 하루 동안 두었다가 냉장 보관한다.

tip
연근은 아린 맛이 있어서 살짝 데쳐 조리해야 맛있어요.

우엉고추장장아찌

우엉은 몸에 좋기로 소문난 뿌리채소예요.
매콤하게 장아찌를 담가두면 밑반찬으로 좋아요.

재료

우엉 60cm 길이 1대
식초 1⅓컵
물 1½컵
설탕 1컵
소금 1큰술

절임장

고추장 2큰술
매실청 1큰술

만들기

1 우엉은 감자칼로 껍질을 벗겨 어슷하게 썬다.

2 냄비에 식초와 물, 설탕, 소금을 넣어 끓이다가, 설탕과 소금이 녹으면 우엉을 넣어 15분간 끓인다. 실온에 하루 정도 둔다.

3 우엉에 맛이 들면 고추장과 매실청에 버무려 밀폐용기에 담는다.

4 실온에 하루 동안 두었다가 냉장 보관한다.

tip

맛있는 성분이 껍질 부분에 많아요. 껍질을 깎지 말고 칼 등으로 살살 긁어내세요.

깻잎된장장아찌

향긋한 깻잎을 된장에 삭힌 구수한 장아찌예요.
먹을 때 조금씩 꺼내서 양념해 먹어요.

재료

깻잎 100장
된장 3컵
소금 조금

양념

다진 파 1작은술
참기름 1작은술
통깨 1작은술

만들기

1 깻잎을 한 장씩 소금물에 씻어서 물기를 뺀 뒤, 꼭지를 자르지 않고 7장씩 묶는다.

2 밀폐용기에 된장을 한 숟가락 펼치고 깻잎 묶음을 올린 뒤 다시 된장을 펴 바른다. 같은 방법으로 깻잎과 된장을 켜켜이 담는다. 깻잎이 된장에 완전히 묻히게 한다.

3 그늘지고 서늘한 곳에서 한 달 정도 삭힌다.

4 깻잎을 꺼내어 다진 파와 참기름, 통깨를 솔솔 뿌려 그냥 먹어도 되고, 찜통에 살짝 쪄서 먹어도 좋다.

tip

깻잎은 뒷면에 벌레 알 같은 이물질이 묻어있을 수 있어요. 한 장씩 꼼꼼히 씻으세요.

+ Plus recipe

밥으로 손쉽게 죽 만들기

채소죽

재료(2인분) | 밥 1공기, 당근 20g, 애호박 20g, 양파 20g, 부추 10g, 국간장 1/2작은술, 참기름 1/2큰술, 소금 조금, 물 4컵

1 당근, 애호박, 양파는 다지고, 부추는 송송 썬다.
2 냄비에 참기름을 두르고 다진 당근과 애호박, 양파를 볶는다.
3 물을 붓고 밥을 넣어 눋지 않게 저어가며 끓인다.
4 끓기 시작하면 불을 줄여 뭉근히 끓이다가, 밥알이 퍼지면 국간장과 소금으로 간한다.

쇠고기죽

재료(2인분) | 밥 1공기, 다진 쇠고기 50g, 당근 20g, 실파 조금, 참기름 1큰술, 깨소금 조금, 김가루 조금, 소금 조금, 물 4컵
쇠고기 양념 | 국간장 1/2작은술, 다진 파 조금, 후춧가루 조금

1 다진 쇠고기를 국간장과 다진 파, 후춧가루로 양념해 잰다.
2 당근은 다지고, 실파는 송송 썬다.
3 냄비에 참기름을 두르고 쇠고기를 볶다가, 물을 붓고 밥을 넣어 끓인다.
4 다진 당근을 넣고 불을 줄여 끓인다. 밥알이 퍼지면 소금으로 간한다.
5 그릇에 죽을 담고 참기름, 깨소금, 김가루, 실파를 뿌린다.

달걀죽

재료(2인분) | 밥 1공기, 달걀 2개, 다진 파 1큰술, 참기름 조금, 깨소금 조금, 김가루 조금, 소금 조금, 물 4컵

1 냄비에 밥과 물을 넣어 센 불에서 끓이다가, 끓어오르면 불을 약하게 줄여 뭉근히 끓인다.
2 밥알이 퍼지면 달걀을 풀어 넣고 저어가며 끓인다.
3 다진 파를 넣고 소금으로 간한다.
4 그릇에 죽을 담고 참기름, 깨소금, 김가루를 뿌린다.

죽은 먹기 편하고 소화도 잘 되는 별미지만 조리 시간이 긴 게 단점이다. 밥을 이용하면 간단하다. 손쉽게 맛있는 죽을 만들 수 있고 남은 밥도 처리할 수 있어 일석이조다.

버섯죽

재료(2인분) | 밥 1공기, 표고버섯 1개, 당근 10g, 참기름 1/2작은술, 깨소금 조금, 소금 조금, 물 4컵

1 표고버섯과 당근을 다진다.
2 냄비에 밥과 물을 넣어 센 불에서 끓이다가, 끓어오르면 불을 약하게 줄여 뭉근히 끓인다.
3 밥알이 퍼지면 표고버섯과 당근을 넣어 더 끓인 뒤 소금으로 간한다.
4 그릇에 죽을 담고 참기름, 깨소금을 뿌린다.

해물죽

재료(2인분) | 밥 1공기, 오징어 1/2마리, 새우살 70g, 홍합살·바지락살 20g씩, 당근 20g, 양파 1/4개, 부추 조금, 다진 마늘 1/2큰술, 청주 1큰술, 소금 조금, 식용유 1큰술, 물 4컵

1 오징어, 새우살, 홍합살, 바지락살을 옅은 소금물에 씻어 건진다.
2 당근과 양파, 부추는 잘게 썬다.
3 냄비에 기름을 두르고 다진 마늘을 볶다가 해물과 청주를 넣어 센 불에서 재빠르게 볶는다.
4 물과 밥, 당근, 양파를 넣고 불을 줄여 저어가며 끓인다.
5 밥알이 퍼지면 부추를 넣고 소금으로 간한다.

김치콩나물죽

재료(2인분) | 밥 1공기, 김치 1컵, 김칫국물 1/4컵, 콩나물 1/2줌, 실파 1뿌리, 참기름 1큰술, 소금·후춧가루 조금씩
멸치국물 | 국물용 멸치 6마리, 다시마 5×5cm 1장, 물 4컵

1 물 4컵에 멸치, 다시마를 넣고 끓인다. 끓어오르면 다시마를 건지고 10분간 더 끓인 뒤 체에 거른다.
2 콩나물은 씻어 건지고, 김치와 실파는 송송 썬다.
3 냄비에 참기름을 두르고 김치를 볶다가 밥과 김칫국물, 멸치국물 3컵을 넣어 중약불에서 끓인다.
4 밥알이 퍼지면 소금, 후춧가루로 간하고 실파를 넣는다.

찾아보기

| 가나다순

ㄱ
갈릭스테이크카레라이스 050
갈빗살채소비빔밥 096
게맛살볶음밥 090
견과류새싹비빔밥 100
고추간장장아찌 200
곤드레밥 154
구운 버섯 크림리소트 082
굴무밥 150
김치콩나물죽 207
김칫국 186
김칫국밥 178
깍두기볶음밥 084
깻잎된장장아찌 205

ㄴ
나물비빔밥 094
날치알밥 156

ㄷ
단호박영양밥 148
달걀국 191

달걀죽 206
닭가슴살나시고렝 072
닭곰탕 182
데리야키쇠고기덮밥 042
돈가스덮밥 044
두부달래간장비빔밥 108

ㅁ
마약김밥 128
마파두부덮밥 040
매운 잔멸치호두주먹밥 124
매콤 굴국밥 172
매콤 낙지오징어덮밥 046
매콤 제육덮밥 034
멍게비빔밥 116
명란비빔밥 112
모둠버섯밥 164
무생채비빔밥 110
무스비 029
무피클 198
묵은지말이밥 136
문어톳솥밥 152

미소된장국 189
미역오이냉국 192

ㅂ
밥전 028
배추겉절이 194
버섯덮밥 058
버섯죽 207
봄나물비빔밥 114
부추겉절이 196
부추달걀볶음밥 086
불고기부리토 028
불닭컵밥 029
뿌리채소솥밥 162

ㅅ
삼겹살콩나물비빔밥 106
새송이버섯간장장아찌 201
새우볶음밥 074

새우튀김덮밥 056

샐러드김밥 130

셀러리간장장아찌 202

쇠고기마늘볶음밥 068

쇠고기뭇국 190

쇠고기죽 206

쇠고기청경채볶음밥 076

수란불고기덮밥 032

스팸김치볶음밥 066

시금치된장국 188

시래기국밥 170

시래기솥밥과 강된장 166

ㅇ

아스파라거스베이컨볶음밥 070

양배추쌈밥 134

양배추피클 199

얼큰콩나물국 187

연근간장장아찌 203

연어마요컵밥 142

연어초밥 140

열무강된장비빔밥 098

오므라이스 064

오믈렛컵밥 029

오야코동 052

오이겉절이 195

오이지비빔밥 118

오이피클 197

우엉고추장장아찌 204

우엉주먹밥 122

유부초밥 138

육개장국밥 174

ㅈ

전주비빔밥 102

ㅊ

차돌박이솥밥 158

차슈덮밥 054

채소볶음밥 088

채소죽 206

채소컵밥 126

채소크로켓밥 132

치킨마요덮밥 038

치킨부리토 078

ㅋ

콩나물국밥 176

콩나물냉국 193

콩나물솥밥 146

크림크로켓덮밥 048

ㅎ

해물영양밥 160

해물죽 207

해물커리덮밥 036

해물토마토리소토 080

해초비빔밥 104

황태국밥 180

회덮밥 060

• 리스컴이 펴낸 책들 •

• 요리

그대로 따라 하면 엄마가 해주시던 바로 그 맛
한복선의 엄마의 밥상

일상 반찬, 찌개와 국, 별미 요리, 한 그릇 요리, 김치 등 웬만한 요리 레시피는 다 들어있어 기본 요리 실력 다지기부터 매일 밥상 차리기까지 이 책 한 권이면 충분하다. 누구나 그대로 따라 하기만 하면 엄마가 해주시던 바로 그 맛을 낼 수 있다.

한복선 지음 | 312쪽 | 188×245mm | 16,800원

영양학 전문가가 알려주는 저염·저칼륨 식사법
콩팥병을 이기는 매일 밥상

콩팥병은 한번 시작되면 점점 나빠지는 특징이 있어 무엇보다 식사 관리가 중요하다. 영양학 박사와 임상영상사들이 저염식을 기본으로 단백질, 인, 칼륨 등을 줄인 콩팥병 맞춤 요리를 준비했다. 간편하고 맛도 좋아 환자와 가족 모두 걱정 없이 즐길 수 있다.

어메이징푸드 지음 | 248쪽 | 188×245mm | 18,000원

더 오래, 더 맛있게 홈메이드 저장식 60
피클 장아찌 병조림

맛있고 건강한 홈메이드 저장식을 알려주는 레시피북. 기본 피클, 장아찌부터 아보카도장이나 낙지장 등 요즘 인기 있는 레시피까지 모두 수록했다. 제철 재료 캘린더, 조리 팁까지 꼼꼼하게 알려줘 요리 초보자도 실패 없이 맛있는 저장식을 만들 수 있다.

손성희 지음 | 176쪽 | 188×235mm | 18,000원

치료 효과 높이고 재발 막는 항암요리
암을 이기는 최고의 식사법

암 환자들의 치료 효과를 높이고 재발을 막는 데 도움이 되는 음식을 소개한다. 항암치료 시 나타나는 증상별 치료식과 치료를 마치고 건강을 관리하는 일상 관리식으로 나눠 담았다. 항암 식생활, 항암 식단에 대한 궁금증 등 암에 관한 정보도 꼼꼼하게 알려준다.

어메이징푸드 지음 | 280쪽 | 188×245mm | 18,000원

먹을수록 건강해진다!
나물로 차리는 건강밥상

생나물, 무침나물, 볶음나물 등 나물 레시피 107가지를 소개한다. 기본 나물부터 토속 나물까지 다양한 나물반찬과 비빔밥, 김밥, 파스타 등 나물로 만드는 별미요리를 담았다. 메뉴마다 영양과 효능을 소개하고, 월별 제철 나물, 나물요리의 기본 요령도 알려준다.

리스컴 편집부 | 160쪽 | 188×245mm | 12,000원

영양학 전문가의 맞춤 당뇨식
최고의 당뇨 밥상

영양학 전문가들이 상담을 통해 쌓은 데이터를 기반으로 당뇨 환자들이 가장 맛있게 먹으며 당뇨 관리에 성공한 메뉴를 추렸다. 한 상 차림부터 한 그릇 요리, 브런치, 샐러드와 당뇨 맞춤 음료, 도시락 등으로 구성해 매일 활용할 수 있으며, 조리법도 간단하다.

어메이징푸드 지음 | 256쪽 | 188×245mm | 16,000원

만약에 달걀이 없었더라면 무엇으로 식탁을 차릴까
오늘도 달걀

값싸고 영양 많은 완전식품 달걀을 더 맛있게 즐길 수 있는 달걀 요리 레시피북. 가벼운 한 끼부터 든든한 별식, 밥반찬, 간식과 디저트, 음료까지 맛있는 달걀 요리 63가지를 담았다. 레시피가 간단하고 기본 조리법과 소스 등도 알려줘 누구나 쉽게 만들 수 있다.

손성희 지음 | 136쪽 | 188×245mm | 14,000원

내 몸이 가벼워지는 시간
샐러드에 반하다

한 끼 샐러드, 도시락 샐러드, 저칼로리 샐러드, 곁들이 샐러드 등 쉽고 맛있는 샐러드 레시피 64가지를 소개한다. 각 샐러드의 전체 칼로리와 드레싱 칼로리를 함께 알려줘 다이어트에도 도움이 된다. 다양한 맛의 45가지 드레싱 등 알찬 정보도 담았다.

장연정 지음 | 184쪽 | 210×256mm | 14,000원

건강을 담은 한 그릇
맛있다, 죽

맛있고 먹기 좋은 죽을 아침 죽, 영양죽, 다이어트 죽, 약죽으로 나눠 소개한다. 만들기 쉬울 뿐 아니라 전통 죽부터 색다른 죽까지 종류가 다양하고 재료의 영양과 효능까지 알려줘 건강관리에도 도움이 된다. 스트레스에 시달리는 현대인의 식사로, 건강식으로 그만이다.

한복선 지음 | 176쪽 | 188×245mm | 16,000원

오늘부터 샐러드로 가볍고 산뜻하게
오늘의 샐러드

한 끼 식사로 손색없는 샐러드를 더욱 알차게 즐기는 방법을 소개한다. 과일채소, 곡물, 해산물, 육류 샐러드로 구성해 맛과 영양을 다 잡은 맛있는 샐러드를 집에서도 쉽게 먹을 수 있다. 45가지 샐러드에 어울리는 다양한 드레싱을 소개하고, 12가지 기본 드레싱을 꼼꼼히 알려준다.

박선영 지음 | 128쪽 | 150×205mm | 10,000원

볼 하나로 간단히, 치대지 않고 쉽게
무반죽 원 볼 베이킹

누구나 쉽게 맛있고 건강한 빵을 만들 수 있도록 돕는 책. 61가지 무반죽 레시피와 전문가의 Tip을 담았다. 이제 힘든 반죽 과정 없이 볼과 주걱만 있어도 집에서 간편하게 빵을 구울 수 있다. 초보자에게도, 바쁜 사람에게도 안성맞춤이다.

고상진 지음 | 248쪽 | 188×245mm | 20,000원

혼술·홈파티를 위한 칵테일 레시피 85
칵테일 앳 홈

인기 유튜버 리니비니가 요즘 바에서 가장 인기 있고, 유튜브에서 많은 호응을 얻은 칵테일 85가지를 소개한다. 모든 레시피에 맛과 도수를 표시하고 베이스 술과 도구, 사용법까지 꼼꼼하게 담아 칵테일 초보자도 실패 없이 맛있는 칵테일을 만들 수 있다.

리니비니 지음 | 208쪽 | 146×205mm | 18,000원

천연 효모가 살아있는 건강빵
천연발효빵

맛있고 몸에 좋은 천연발효빵을 소개한 책. 홈 베이킹을 넘어 건강한 빵을 찾는 웰빙족을 위해 과일, 채소, 곡물 등으로 만드는 천연발효종 20가지와 천연발효종으로 굽는 건강빵 레시피 62가지를 담았다. 천연발효빵 만드는 과정이 한눈에 들어오도록 구성되었다.

고상진 지음 | 328쪽 | 188×245mm | 19,800원

술자리를 빛내주는 센스 만점 레시피
술에는 안주

술맛과 분위기를 최고로 끌어주는 64가지 안주를 술자리 상황별로 소개했다. 누구나 좋아하는 인기 술안주, 부담 없이 즐기기에 좋은 가벼운 안주, 식사를 겸할 수 있는 든든한 안주, 홈파티 분위기를 살려주는 폼나는 안주, 굽기만 하면 되는 초간단 안주 등 5개 파트로 나누었다.

장연정 지음 | 152쪽 | 151×205mm | 13,000원

정말 쉽고 맛있는 베이킹 레시피 54
나의 첫 베이킹 수업

기본 빵부터 쿠키, 케이크까지 초보자를 위한 베이킹 레시피 54가지. 바삭한 쿠키와 담백한 스콘, 다양한 머핀과 파운드케이크, 폼나는 케이크와 타르트, 누구나 좋아하는 인기 빵까지 모두 담겨 있다. 베이킹을 처음 시작하는 사람에게 안성맞춤이다.

고상진 지음 | 216쪽 | 188×245mm | 16,800원

건강한 약차, 향긋한 꽃차
오늘도 차를 마십니다

맛있고 향긋하고 몸에 좋은 약차와 꽃차 60가지를 소개한다. 각 차마다 효능과 마시는 방법을 알려줘 자신에게 맞는 차를 골라 마실 수 있다. 차를 더 효과적으로 마실 수 있는 기본 정보와 다양한 팁도 담아 누구나 향기롭고 건강한 차 생활을 즐길 수 있다.

김달래 감수 | 200쪽 | 188×245mm | 15,000원

부드럽고 달콤하고 향긋한 8×8가지의 슈와 크림
내가 가장 좋아하는 슈크림

누구나 좋아하는 부드러운 슈크림 레시피북. 기본 슈크림부터 화려하고 고급스러운 슈 과자 레시피까지 이 책 한 권에 모두 담았다. 레시피마다 20컷 이상의 자세한 과정사진이 들어가 있어 그대로 따라 하기만 하면 초보자도 향긋하고 부드러운 슈크림을 만들 수 있을 것이다.

후쿠다 준코 지음 | 144쪽 | 188×245mm | 13,000원

소문난 레스토랑의 맛있는 비건 레시피 53
오늘, 나는 비건

소문난 비건 레스토랑 11곳을 소개하고, 그곳의 인기 레시피 53가지를 알려준다. 파스타, 스테이크, 후무스, 버거 등 맛있고 트렌디한 비건 메뉴를 다양하게 담았다. 레스토랑에서 맛보는 비건 요리를 셰프의 레시피 그대로 집에서 만들어 먹을 수 있다.

김홍미 지음 | 204쪽 | 188×245mm | 15,000원

예쁘고, 맛있고, 정성 가득한 나만의 쿠키
스위트 쿠키 50

베이킹이 처음이라면 쿠키부터 시작해보자. 재료를 섞고, 모양내고, 굽기만 하면 끝! 버터쿠키, 초콜릿쿠키, 팬시쿠키, 과일쿠키, 스파이시쿠키, 너트쿠키 등으로 나눠 예쁘고 맛있고 만들기 쉬운 쿠키 만드는 법 50가지와 응용 레시피를 소개한다.

스테이시 아디만도 지음 | 144쪽 | 188×245mm | 13,000원

맛있게 시작하는 비건 라이프
비건 테이블

누구나 쉽게 맛있는 채식을 시작할 수 있도록 돕는 비건 레시피북. 요즘 핫한 스무디 볼부터 파스타, 햄버그 스테이크, 아이스크림까지 88가지 맛있는 비건 요리를 소개한다. 건강한 식단 비건 구성법, 자주 쓰이는 재료 등 채식을 시작하는 데 필요한 정보도 담겨있다.

소나영 지음 | 200쪽 | 188×245mm | 15,000원

• 리스컴이 펴낸 책들 •

• 건강 | 다이어트

반듯하고 꼿꼿한 몸매를 유지하는 비결
등 한번 쫙 펴고 삽시다
최신 해부학에 근거해 바른 자세를 만들어주는 간단한 체조법과 스트레칭 방법을 소개한다. 누구나 쉽게 따라 할 수 있고 꾸준히 실천할 수 있는 1분 프로그램으로 구성되었다. 수많은 환자들을 완치시킨 비법 운동으로, 1주일 만에 개선 효과를 확인할 수 있다.
타카하라 나오노부 지음 | 168쪽 | 152×223mm | 16,800원

아침 5분, 저녁 10분
스트레칭이면 충분하다
몸은 튼튼하게 몸매는 탄력 있게! 아침 5분, 저녁 10분이라도 꾸준히 스트레칭하면 하루하루가 몰라보게 달라질 것이다. 아침저녁 동작은 5분을 기본으로 구성하고 좀 더 체계적인 스트레칭 동작을 위해 10분, 20분 과정도 소개했다.
박서희 지음 | 152쪽 | 188×245mm | 13,000원

라인 살리고, 근력과 유연성 기르는 최고의 전신 운동
필라테스 홈트
필라테스는 자세 교정과 다이어트 효과가 매우 큰 신체 단련 운동이다. 이 책은 전문 스튜디오에 나가지 않고도 집에서 얼마든지 필라테스를 쉽게 배울 수 있는 방법을 알려준다. 난이도에 따라 15분, 30분, 50분 프로그램으로 구성해 누구나 부담 없이 시작할 수 있다.
박서희 지음 | 128쪽 | 215×290mm | 10,000원

통증 다스리고 체형 바로잡는
간단 속근육 운동
통증의 원인은 속근육에 있다. 한의사이자 헬스 트레이너가 통증의 근본부터 해결하는 속근육 운동법을 알려준다. 마사지로 풀고, 스트레칭으로 늘이고, 운동으로 힘을 키우는 3단계 운동법으로, 통증 완화는 물론 나이 들어서도 아프지 않고 지낼 수 있는 건강관리법이다.
이용현 지음 | 156쪽 | 182×235mm | 12,000원

남자들을 위한 최고의 퍼스널 트레이닝
1일 20분 셀프PT
혼자서도 쉽고 빠르게 원하는 몸을 만들도록 돕는 PT 가이드북. 내추럴 보디빌딩 국가대표가 기본 동작부터 잘못된 자세까지 차근차근 알려준다. 오늘부터 하루 20분 셀프PT로 남자라면 누구나 갖고 싶어하는 역삼각형 어깨, 탄탄한 가슴, 식스팩, 강한 하체를 만들어보자.
이용현 지음 | 192쪽 | 188×230mm | 14,000원

• 임신출산 | 자녀교육

산부인과 의사가 들려주는 임신 출산 육아의 모든 것
똑똑하고 건강한 첫 임신 출산 육아
임신 전 계획부터 산후조리까지 현대의 임신부를 위한 똑똑한 임신 출산 육아 교과서. 20년 산부인과 전문의가 임신부들이 가장 궁금해하는 것과 꼭 알아야 할 것들을 알려준다. 계획 임신, 개월 수에 따른 엄마와 태아의 변화, 안전한 출산을 위한 준비 등을 꼼꼼하게 짚어준다.
김건오 지음 | 408쪽 | 190×250mm | 20,000원

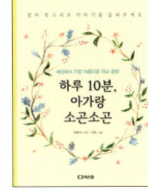

세상에서 가장 아름다운 태교 동화
하루 10분, 아가랑 소곤소곤
독서교육 전문가가 30여 년 동안 읽은 수천 권의 책 중에서 가장 아름다운 이야기 30여 편을 골라 모았다. 마음이 따뜻해지는 이야기, 재치 있고 삶의 지혜가 담긴 이야기, 가족 사랑과 인간애를 느낄 수 있는 이야기들이 가득하다. 태교를 위한 갖가지 정보도 알차게 담겨 있다.
박한나 지음 | 208쪽 | 174×220mm | 16,000원

말 안 듣는 아들, 속 터지는 엄마
아들 키우기, 왜 이렇게 힘들까
20만 명이 넘는 엄마가 선택한 아들 키우기의 노하우. 엄마는 이해할 수 없는 남자아이의 특징부터 소리치지 않고 행동을 변화시키는 아들 맞춤 육아법까지. 오늘도 아들 육아에 지친 엄마들에게 '슈퍼 보육교사'로 소문난 자녀교육 전문가가 명쾌한 해답을 제시한다.
하라사카 이치로 지음 | 192쪽 | 143×205mm | 13,000원

성인 자녀와 부모의 단절 원인과 갈등 회복 방법
자녀는 왜 부모를 거부하는가
최근 부모 자식 간 관계 단절 현상이 늘고 있다. 심리학자인 저자가 자신의 경험과 상담 사례를 바탕으로 그 원인을 찾고 해답을 제시한다. 성인이 되어 부모와 인연을 끊는 자녀들의 심리와, 그로 인해 고통받는 부모에 대한 위로, 부모와 자녀 간의 화해 방법이 담겨있다.
조슈아 콜먼 지음 | 328쪽 | 152×223mm | 16,000원

아이는 엄마의 감정을 먹고 자란다
내 아이를 위한 엄마의 감정 공부
엄마의 감정 육아는 아이의 정서에 나쁜 영향을 미친다. 엄마들을 위한 8일간의 감정 공부 프로그램을 그대로 책에 담았다. 감정을 정리하고 자녀와 좀 더 가까워지는 방법을 안내한다. 사례가 풍부하고 워크지도 있어 책을 읽으면서 바로 활용할 수 있다.
양선아 지음 | 272쪽 | 152×223mm | 15,000원

• 취미 | 인테리어

뇌 건강에 좋은 꽃그림 그리기
사계절 꽃 컬러링북
꽃그림을 색칠하며 뇌 건강을 지키는 컬러링북. 컬러링은 인지 능력을 높이기 때문에 시니어들의 뇌 건강을 지키는 취미로 안성맞춤이다. 이 책은 색연필을 사용해 누구나 쉽고 재미있게 색칠할 수 있다. 꽃그림을 직접 그려 선물할 수 있는 포스트 카드도 담았다.

정은희 지음 | 96쪽 | 210×265mm | 13,000원

우리 집을 넓고 예쁘게
공간 디자인의 기술
집 안을 예쁘고 효율적으로 꾸미는 방법을 인테리어의 핵심인 배치, 수납, 장식으로 나눠 알려준다. 포인트를 콕콕 짚어주고 알기 쉬운 그림을 곁들여 한눈에 이해할 수 있다. 결혼이나 이사를 하는 사람을 위해 집 구하기와 가구 고르기에 대한 정보도 자세히 담았다.

가와카미 유키 지음 | 240쪽 | 170×220mm | 16,800원

나 어릴때 놀던 뜰
우리 집 꽃밭 컬러링북
'아빠하고 나하고 만든 꽃밭에, 채송화도 봉숭아도 한창입니다…' 마당 한가운데 동그란 꽃밭, 그 안에 올망졸망 자리 잡은 백일홍, 봉숭아, 샐비어, 분꽃, 붓꽃, 채송화, 과꽃, 한련화… 어릴 적 고향 집 뜰에 피던 추억의 꽃들을 색칠하며 그 시절로 돌아가 보자.

정은희 지음 | 96쪽 | 210×265mm | 14,000원

인플루언서 19인의 집 꾸미기 노하우
셀프 인테리어 아이디어57
베란다와 주방 꾸미기, 공간 활용, 플랜테리어 등 남다른 감각의 셀프 인테리어를 보여주는 19인의 집을 소개한다. 집 안 곳곳에 반짝이는 아이디어가 담겨 있고 방법이 쉬워 누구나 직접 할 수 있다. 집을 예쁘고 편하게 꾸미고 싶다면 그들의 노하우를 배워보자.

리스컴 편집부 엮음 | 168쪽 | 188×245mm | 16,000원

여행에 색을 입히다
꼭 가보고 싶은 유럽 컬러링북
아름다운 유럽의 풍경 28개를 색칠하는 컬러링북. 초보자도 다루기 쉬운 색연필을 사용해 누구나 멋진 작품을 완성할 수 있다. 꿈꿔왔던 여행을 상상하고 행복했던 추억을 떠올리며 색칠하다 보면 편안하고 따뜻한 힐링의 시간을 보낼 수 있다.

정은희 지음 | 72쪽 | 210×265mm | 13,000원

화분에 쉽게 키우는 28가지 인기 채소
우리 집 미니 채소밭
화분 둘 곳만 있다면 집에서 간단히 채소를 키울 수 있다. 이 책은 화분 재배 방법을 기초부터 꼼꼼하게 가르쳐준다. 화분 준비부터 키우는 방법, 병충해 대책까지 쉽고 자세하게 설명하고, 수확량을 늘리는 비결에 대해서도 친절하게 알려준다.

후지타 사토시 지음 | 96쪽 | 188×245mm | 13,000원

꽃과 같은 당신에게 전하는 마음의 선물
꽃말 365
365일의 탄생화와 꽃말을 소개하고, 따뜻한 일상 이야기를 통해 인생을 '잘' 살아가는 방법을 알려주는 책. 두 딸의 엄마인 저자는 꽃말과 함께 평범한 일상 속에서 소중함을 찾고 삶을 아름답게 가꿔가는 지혜를 전해준다. 마음에 닿는 하루 한 줄 명언도 담았다.

조서윤 지음 | 정은희 그림 | 292쪽 | 130×200mm | 16,000원

119가지 실내식물 가이드
실내식물 죽이지 않고 잘 키우는 방법
반려식물로 삼기 적합한 119가지 실내식물의 특징과 환경, 적절한 관리 방법을 알려주는 가이드북. 식물에 대한 정보를 위치, 빛, 물과 영양, 돌보기로 나누어 보다 자세하게 설명한다. 식물을 키우며 겪을 수 있는 여러 문제에 대한 해결책도 제시한다.

베로니카 피어리스 지음 | 144쪽 | 150×195mm | 16,000원

내 피부에 딱 맞는 핸드메이드 천연비누
나만의 디자인 비누 레시피
예쁘고 건강한 천연비누를 만들 수 있도록 돕는 레시피북. 천연비누부터 배스밤, 버블바, 배스 솔트까지 39가지 레시피를 한 권에 담았다. 재료부터 도구, 용어, 팁까지 친절하게 설명해 책을 따라 하다 보면 누구나 쉽게 천연비누를 만들 수 있다.

오혜리 지음 | 248쪽 | 190×245mm | 18,000원

내 집은 내가 고친다
집수리 닥터 강쌤의 셀프 집수리
집 안 곳곳에서 생기는 문제들을 출장 수리 없이 내 손으로 고칠 수 있게 도와주는 책. 집수리 전문가이자 인기 유튜버인 저자가 25년 경력을 통해 얻은 노하우를 알려준다. 전 과정을 사진과 함께 자세히 설명하고, QR코드를 수록해 동영상도 볼 수 있다.

강태운 지음 | 272쪽 | 190×260mm | 22,000원

맛있는 밥을 간편하게 즐기고 싶다면

뚝딱 한 그릇, 밥

지은이 | 장연정
어시스트 | 권소정
　　　　박소정 김민희 구도경 김영은

사진 | 최해성(Bay Studio) 허광(Cheese Studio)

편집 | 김소연 홍다예 이희진
디자인 | 이미정 한송이
마케팅 | 장기봉 이진목 김슬기

인쇄 | 금강인쇄

초판 1쇄 | 2021년 4월 26일
초판 6쇄 | 2024년 9월 13일

펴낸이 | 이진희
펴낸곳 | (주)리스컴

주소 | 서울시 강남구 테헤란로87길 22, 7151호(삼성동, 한국도심공항)
전화번호 | 대표번호 02-540-5192
　　　　　편집부 02-544-5194
FAX | 0504-479-4222

등록번호 | 제 2-3348

이 책은 저작권법에 의하여 보호를 받는 저작물이므로
이 책에 실린 사진과 글의 무단 전재 및 복제를 금합니다.
잘못된 책은 바꾸어 드립니다.

ISBN 979-11-5616-210-0 (13590)
책값은 뒤표지에 있습니다.

블로그
blog.naver.com/leescomm

인스타그램
instagram.com/leescom

유튜브
www.youtube.com/c/leescom

유익한 정보와 다양한 이벤트가 있는 리스컴 SNS 채널로 놀러오세요!